子どもがいる授業

授業は
子どもと教師で
つくるもの

河野政雄 著

一莖書房

焦る心どうしやうもなく嚙み合はぬ授業を終へぬ参観者の前
授業を終へし教室にただ坐る打ちひしがれし心重たく
ぽろぽろな駝鳥のやうに突っ立ってゐる己がありありと浮かぶ
草茂る庭は応へずもの言はず曇る夕べをただいつまでも
草を手に何を話してゐるのだらう一人遊べる幼子の声
マスクずれ駆けり合ひして帰りゆく三四人ああこれが子どもだ

そこに子どもがいる——そういう授業を願いながら、教師という仕事
を続けてきました。

目　次

「ちいちゃんのかげおくり」の授業

1，はじめに――授業まで

　この教材は、どう授業をしたらよいかずいぶん悩んだ教材である。は
じめに読んだ時、こういう物語が3年生に理解できるのだろうかと思っ
た。

　――小さな女の子が空襲によって家族と離ればなれになり、それでも
必死に家族の帰りを待ちながら、ついには焼け跡の防空壕で幻のかげ
ぼうしを見ながらたったひとりで死んでしまう――。

　3年生がこういう物語を感じ取ることができるのだろうか、3年生の
読み取る世界なのだろうか、そういう思いが強かった。
　ちいちゃんやお父さんたちの気持ちを読み取るというには、心情を表
す文章や言葉が少ない。とくに、ひとりぼっちになってしまったちいち
ゃんが、どういう思いで3日間を過ごし弱っていったのか、ほとんど何
も書かれていない。戦時下の状況にしても、教材文からだけでは差し迫
った状況は理解できないのではないか、そういう気がした。
　どういう授業がよいのか、どう授業計画を立てたらよいのか、なかな
か決められなかった。まず考えたのは、発問によって読み深めるのはか
なり難しいだろうということ。とくに後半は、考えていく根拠になる言
葉が少ない。ちいちゃんの行動については書かれているが、気持ちを考

えていく言葉が少ない。

　だから登場人物の気持ちそのものではなく、その置かれた状況をていねいに読んでいく方がよいのではないか。③場面（空襲から逃れ一人になってしまう場面）には、ちいちゃんの緊迫した状況がかなり叙述されている。この場面をていねいに読んでいけば、ひとりぼっちになってしまうちいちゃんを感じ取れるのではないか、そう考えた。

　そこで③場面でのちいちゃんたちの様子を読み取ることを中心に全体の授業計画を考え、それを札幌教授学研究の会や多摩第二土曜の会の研究会で検討してもらうことにした。そこでの意見や指摘は次のようなものだった。

　・素直に読んで、子どもがちいちゃんの気持ちを考えられる教材なのではないか。やはり後半の④⑤場面でのちいちゃんの気持ちを大事に考えたい。
　・戦争下の状況の理解を抜きにしては、やはり分かりにくいだろう。しかし、それは教師が説明したりお話として扱ったりすることもできる。
　・文章で分からない（書かれていない）ところは、結論を出す必要がない。子どもが読んで感じたことが出てくればよい。

　他の教師と私の教材の受け止め方とはかなり違いがあり、③場面を中心に読み取る、後半はあまり無理をしないという私の授業計画には、あまり賛成意見がなかった。また、「教材そのものの分析も大事だが、この教材を子どもにどう使うか、子どもにとっての栄養分をどう取り出すか、そういうことも大事だ」という意見もあった。実際に授業をした経

験からの意見も多く、なかなか説得力があった。振り出しに戻ってしまうのだが、私はもう一度考え直すことにした。

　しかし、本当に3年生がこの物語を感じ取れるのだろうかという気持ちがまだ一方にあり、どういう授業にすべきなのか迷う日が続いた。なかなか考えがまとまらなかったが、教材を何度も読み直しているうちに、次第にこの教材に対する私の感じ方も変わっていった。

　——まだ幼くて何にも分からないちいちゃん。世の中のことも、戦争のことも、何も知らない。家族と一緒に暮らす毎日しか知らないのだ。そういうちいちゃんが焼け跡に戻って壊れかけた防空壕でたった一人、家族が帰るのをじっと待っている——。

　私の感じ方の中心は、一人で家族の帰りを待っているちいちゃんの方に移っていった。そういうちいちゃんが私の中に、いつもいるような感じだった。次第にそういう「ちいちゃん像」ができてきたということかもしれない。

　ちいちゃんの気持ちを読む言葉がもう少しほしい。ひとりぼっちで防空壕で過ごすちいちゃんの一日が、わずか3行の叙述。しかし、これも作者の意図なのだろう。これで十分なのかもしれない。

　そういう模索を続けているうちに、次第に授業のおおよその構想がかたまってきた。まず朗読を重視して、そこからこの物語を感じ取っていくようにすること。そして、子どもたちがどう読んでいるのか、感じているのかを探っていくこと。

　また、授業で取り上げてみたいところも幾つか浮かび上がってきた。発問だけで授業を展開しようとすると無理が出てくるだろう。子どもが

どう感じているのか、何を思っているのか、そういうことが自然と出て
くるような発問がよい。

　そういう全体の方向が定まってきたのだが、この後はもう時間が足り
なくなり解釈も展開案もメモ書きのようになってしまった。教材解釈は
はじめに書いたものとはかなり違うものになっていた。

2，教材について

　はじめに書いた教材解釈は、家族で墓参りに行く最初の場面から最後
まで物語全体を通してのもので、かなりの長文になった。ここに載せる
のは、その後にメモ書きのように書いたもので、ちいちゃんの最期が中
心になっている。この頃は、こういうちいちゃんの姿がずっと浮かんで
いた。授業の前にきちんと書き直すつもりでいたが、その余裕がなかった。

【教材解釈】
　死の間際に見る四つのかげぼうし——。

　誰もいない焼け跡、壊れかけた防空壕、真っ暗な夜。ちいちゃんはじ
っと耐えてきた。焼け跡に戻って3日。太陽のまぶしさに目を覚ますが、
もうちいちゃんは衰弱しきっている。そして、命が消えかかる時、ちい
ちゃんはお父さんの声を聞く。

　——出征する前の日、みんなで墓参りに行った。よく晴れた日、帰り
にみんなでかげおくりをしたのだ。その時のお父さんの声——「かげお
くりのよくできそうな空だなあ」——。そして、お母ちゃんの声——。
その声にやっと立ち上がり、数えはじめるちいちゃん。

　空にくっきりと映っている4つの影。家族4人が手をつないだ、4人
が一緒にいたあの日の影。

「お父ちゃん」――。

悲痛な叫びだったろう。痛いほどの訴えだったに違いない。じっと一人で耐えてきたちいちゃん。そのちいちゃんがやっと最後に見た家族の影。

空襲で家族とはぐれてしまったちいちゃん。家族と離れて一人で橋の下で過ごす夜は、どんなに心細かっただろう。まだ幼いちいちゃん。何も分からず、何もできないちいちゃん。

「おうちのとこ」――ちいちゃんにはお家しかなかった。お母ちゃんやお兄ちゃんが帰ってくるところは、お家しか知らない。

きっと、帰ってくる……、焼け落ちた家を前に、おばさんに訊かれてもちいちゃんはただ頷くだけだった。

お母ちゃんも、お兄ちゃんも、そしてお父ちゃんも、きっとここに帰ってくる……、それだけを思って、壊れかけた防空壕で、誰もいない、何もない暗い防空壕で、じっと待っていたのだ。お母ちゃんやお兄ちゃんが帰ってくるのを――。

そして、4日目。幻のかげぼうしを見ながら、命が絶える。

※ちいちゃんが最後に呼ぶ「お父ちゃん」という声については、今は少し違う感じがしている。悲痛な叫びというより、透き通るような切ない声だったように思う。

【授業計画の概要】
場面①　出征の前日、墓参りに行く。その帰り、家族みんなで「かげおくり」をする。
・出征の前日……先祖の墓参り。お父さんの思い。
・「ね。今、みんなでやってみましょうよ。」

・「今日の記念写真だなあ。」……「今日の」という意味。家族4人が揃っている最後の日。

場面②　翌日の出征。その後の町の様子。

・「体の弱いお父さんまで、いくさに行かなければならないなんて。」……ぽつんと言ったお母さんの気持ち。

場面③　空襲を逃れるちいちゃんたち。その中で、家族とはぐれてしまうちいちゃん。

・「お母さんはちいちゃんをだき上げて走りました。」……ちいちゃんは走れないの？

・「お母ちゃん、お母ちゃん。」……ちいちゃんの声はお母さんに聞こえた？

・「お母ちゃんは、後から来るよ。」……逃げ遅れたら死んでしまうという状況が理解できるか。

場面④　お家へ戻って、壊れかけた防空壕に一人残るちいちゃん。

・「お母ちゃんは。お兄ちゃんは。」「おうちのとこ。」……ちいちゃんには、お家の他には考えられない。

・「お母ちゃんとお兄ちゃんは、きっと帰って来るよ。」……これは誰の言葉？　ちいちゃん自身の声、お父さんの声。

場面⑤　防空壕のなかで衰弱していくちいちゃん。そのなかで、思い続けていた家族の影を見る。

・「ちいちゃんは、暑いような寒いような気がしました。」……弱っていくちいちゃん。

・「青い空に、くっきりと白いかげが四つ。」……ちいちゃんに、4つの影が見えたのはどうして？

場面⑥　何十年か後。小さな公園になって子どもが遊んでいる。

【授業の経過】

一、朗読練習と学習シート

① 全文を通して読む。簡単な感想。

② 全体を読む。場面を大きく分ける（①〜⑥）

③ 読む。学習シートをまとめる（半分）。

④ 読む。学習シート、残りをまとめる。

⑤ 読む。場面①の学習シート。

（この後、学習の進度に合わせて②〜⑤の学習シート）

二、場面ごとの読み取り

⑥ 場面①（※授業記録1）

⑦ 場面②

⑧ 場面③（※授業記録2）

⑨ 場面④

⑩ 場面④最後と場面⑤の前半（※授業記録3）

⑪ 場面⑤最後と場面⑥

　この教材では朗読の時間を多めに取った。まず文章としてきちんと読めることが、内容を理解するための前提条件になる。一人ひとりの読みの練習、全体での読み、また内容を読み取るなかでも読みの時間をかなり入れている。内容を考えながら読む子が多くなったし、読むことによって心情を感じ取るということもあっただろう。

　また、この学習では学習プリント（「学習シート」）を使ってみた。学習シートは、場面ごとの出来事などを書き込んだり、よく分からないことや思ったことなども書き込むようにした。それによって、子どもたちがこの物語をどう読んでいるか、感じているかを知ることができた。ま

た子どもたちが、自分で書くことによって物語のあらすじを確認することになるだろうとも考えた。

　学習プリントは学習を安易にまとめて終わってしまう感じがして、私はこれまであまり使わないできたのだが、今回は子どもたちの受け止め方を探り、読み取りの一斉学習の展開を考える手立てとしてとても役立ったように思う。

　この教材に入る最初の授業。子どもたちは教科書を開き、私が物語の最後までを通して読んだ。読んでいる間、子どもたちがどう聞いているか、どんな表情なのか気になったが、子どもたちの方を見なかった。反応がどうかを知るよりも、自分がこの物語のなかに入り込むことに集中した。読んで聞かせるというより、読みながら私がこの教材の世界に入ることだけに注意を傾けた。読み終わったとき、子どもたちはしばらく黙っていて何も言わなかった。でも、何かを感じ取っているようだった。

　※資料
　・教材文書き込み（44 ～ 49 ページ）
　・学習シート（50 ～ 51 ページ）
　・授業展開案メモ書き（52 ～ 59 ページ）
　　本書中の児童名はすべて仮名とした

3, 授業の記録

【授業記録１】場面①

・出征を前にして墓参りに行くお父さんたち。そこでどんなことを願っただろうか。

場面①（４～７ページまで）を全員で読む。その後、指名読み。嘉佳さん、絢音さん、航樹君、交代で読む。

T　いい読み方だったね。（まだ読みたそうにしている子がいたので）まだ読む？　もう一回、読んでみる？　じゃ、最初からね。

　仲田君、林田さん、読む。

T　よく練習しているね。こういう読み方がいいね。それじゃ、今日は少し考えてもらうよ。いま読んだ①のところ、最初の方に、こう書いてある。

板書

> 出征する前の日、お父さんは、ちいちゃん、お兄ちゃん、お母さんをつれて、先祖のはかまいりに行きました。

T　どこにあるか分かる？
C　分かる、３行目。４ページの３行目。
T　はい、じゃあ、黒板に書いたところを、一回、読んでくれる。（全

員で読む）うん、それで、墓参りって知ってる？　行ったことがある人は？　ああ、行ったことがあるね。いつ行ったかな？

C　ええっ、今年行ったかな？

T　夏休みに行った人いない？

C　ああ、行った、行った。

C　忘れた。

T　夏休みに行った人がいると思うけどね。お盆によく行くから。夏休みの終わり頃に、行かなかったかな？

C　行った、行った。

T　行ったね。

C　　先祖って……。

T　ああ、先祖って、分かる？「先祖のはかまいり」って、書いてあるけど……。

C　おじいちゃんのおじいちゃんの……。

T　ああ、そう。昔の、今は生きていない人でね、おじいちゃんのお父さんとかね、もう今はいなくなっちゃった昔の人。

C　出征は？

T　出征？

C　（教科書の註に）書いてある。

T　書いてあるね。

智也　「へいたいになって、ぐんたいに入り、いくさ、せんそうに行くこと」。（註を読む）

T　そうだね。兵隊になって戦争に行くこと。戦争に行くっていうことは、相手と──、敵と戦うわけだから、そこでケガをしたり、死んでしまったりすることもある。だけど、それは命令だから、行きたくないから行かないとか、そういうことはできない。（C、「行かな

かったら、どうなるの？」）いや、行かなきゃだめなの。役場から葉書みたいな連絡が来てね、お役人みたいな人が来て、「何日に来るように」って。そうしたら、すぐ準備をして、行かなきゃならない。そういうふうに兵隊になっていくのが「出征」。

で、今は、その出征するその前の日って、いうことだ。分かった？（Ｃ、「うん。」）

Ｔ　それで、今はお盆じゃないね。お盆は、もっとずっと後だね。夏の真ん中を過ぎてからだから。で、お盆でもないのに、お父さんたちがお墓参りに行くんだけど──。

隼斗　いくさに行くからじゃない？

　話している途中に、いきなり出て来てしまった。この子は理解の早い子である。おそらくかなり読み取っているのだろう。しかし、全体の雰囲気からはまだ早いように感じたので、そのまま続けている。

Ｔ　ああ、そうか。ちょっと、その前に──。「お墓参りに行こう」って、言い出した人は誰？

Ｃ　えっ。

Ｔ　お墓参りに行こうって言ったのは、誰だと思う？

Ｃ　お父さん。

Ｔ　お父さんが言った？

Ｃ　そう思う。

Ｔ　どうして、お父さんが言った、と思う？

嘉佳　だって、「お父さんは、ちいちゃん、お兄ちゃん、お母さんをつれて」って、書いてあるから。

Ｔ　うん、そう。「つれて」っていうことは、お父さんが「みんなで、いっ

しょに行こう」って言って、それでみんなで行った、ということだ。それで、どうしてお父さんは、こんな時に「みんなでお墓参りに行こう」って……。普通だったらね、ほら、お盆だとかさ、お彼岸だとかね、そういうときに行くんだよね。どうして、こんなお盆でもないときに、みんなで行こうと思ったの？

C　お父さんが、すぐ出征して行くから。いくさに行くから。

隼斗　お父さんが、死んでしまうかもしれないから。

T　自分が戦争にいって、死んでしまうかもしれない、と思って。

隆矢　死なないように……、戦争で……。みんなが……、戦争でみんなが……。

　お父さんの気持ちを何か捉えているようだが、それをうまく言えず、聞いている子どもたちもよく分からないようだった。ここではお父さんの気持ちを訊こうとしていたのに、発問の方が曖昧になってしまっている。それでもう一度訊き直している。

T　ああ、分かった。（隆矢君の）言いたいことが。今、隆矢君が言いかけたんだけれど……。じゃ、ちょっと、訊き方を変えるよ。
　　ええと、お墓参りに行くでしょう。それで、お墓の所に行って、お参りするんだけど、その時に、お父さんはどんなことをお祈りしたの？　どんなことをお願いしたと思う？　お墓参りに行って、お参りしたり、いろんなことを願ったりするんだけど……。わざわざ来たんだよね。

梨華　あのね、家族のみんなが、あの……、家族が死なないように。

T　家族が？　自分はもう戦争に行くんだけど、残っている家族が死んじゃったりしないようにっていうこと？

愛梨　また、みんなといっしょに暮らせるようにって。

T　ああ、お父さんはこれから戦争に行くんだけど、またちゃんと戻っ
　　てきて、みんなといっしょに暮らせるように。

佳文　死んだりしないように。

T　自分が？　あぶないところに行くから、死んだりしないようにって。

C　家族の全員が、死んだりしないで幸せに暮らせるように。

T　うん、そうだね。みんなが幸せに暮らせるように……。
　　そうだね。じゃ、次に行くよ。その続きのところ、読んでみて。

　　続きを全員で読む。その途中で読みを止めながら、私が幾つか訊いて
確認している。内容を子どもたちと確かめながら読むような形になって
いる。

T　その「かげおくりのよくできそうな空だなあ。」って、誰が言ったの？

C　お父さん。

T　お父さんが、誰に言ったの？

裕高　ちいちゃんとお兄ちゃんと、お母さんに。

美幸　ひとりごと。

綾花　ひとりごと。

C　そう。

夏美　空に言った。

T　ああ、空に向かって。青い空だから。

航樹　つぶやいたと思う。

T　つぶやくっていうのは、小さな声でボソボソってしゃべることだね。
　　「お父さんがつぶやきました」だから、ね。お父さんが小さい声で言っ
　　たのを、お兄ちゃんが聞いていたんだね。

じゃあ、その続きを読んでみて。

　　全員で続きを読み進めていく。

T　うん、今、読んだところの、「お父さんやお母さんが子どものころ、
　　よくあそんだものさ」。これは誰が言ったの？
雄太　お父さん。
T　そうだね。じゃ、次の「今、みんなでやってみましょうよ」、これは？
C　お母さん。
T　そう、お母さんが「今、みんなでやってみましょうよ」って言った
　　んだね。それでさ、お母さんは、いつもかげおくりをやってるの？
C　いや、違う。
T　違う？　違うね。子どもの時によく遊んだんだけど、大人になって
　　からはやってないんだね。
C　忙しいから、できないんじゃない。
T　そうだね。でも、今、今だよ。「今、みんなでやってみよう」って言っ
　　たのは、どうして？
C　お父さんが……（詰まってしまう）。
優陽　お父さんがかげおくりのやり方を説明したから、それをやってみ
　　ようって、
T　ああ、お父さんがやり方を教えてくれたから、みんなでやってみよ
　　うって、言った。
夏美　お母さんやお父さん達はやったことがあるけど、ちいちゃんたち
　　はまだやったことがないし、だから、やってみようって。
T　ああ、ちいちゃん達はまだやったことがないから、自分達はもう何
　　回もやっているけど……。

麻実　明日になったら、もうお父さんが戦争に行くから、だから、お父さんはいないから……。その前の日だから、お母さんが……。

　この子はとても感受性のゆたかな子である。この発言で「ああ、そうか」というふうに教室の雰囲気が変わっていくのが分かった。この子はこの後にも心情をよく捉えた発言をしている。それは学習プリントに書かれていた記述からも見てとれた。

T　ああ、出征の前の日っていうことは、明日はもうお父さんがいなくなってしまうから。
C　今は、みんなそろっているから、お母さんが言った。
T　そうだね。今はみんなが、そろっているから……、うん。それじゃ、６ページからもう一回読んでみて。
美幸　読む。
T　うん、それで──。

板書

「今日の記念写真だなあ。」と、お父さんが言いました。

T　記念写真っていうのは？　例えば、みんなは？
C　誕生日とか。
T　誕生日に撮ったりするの？そう？誕生日とか──。
C　お正月とか。
T　お正月とかに──。うん、記念だから、何か特別な日に──、何か特別なことがあった時に──。例えば、みんな、入学した時、撮らなかったかな？（C、「ああ。」）玄関の前とかで撮ったりしたね。卒

業する時なんかも、玄関とか体育館とかでよく撮ってるよ。（チャイムがなってしまう）あら……。

それで、一つ訊いていい？　今日は、何の記念なの？

C　記念って……、記念ではない。

T　記念じゃないよね。特別な日ではないよね。普通の日なんだけど、でも、「今日の記念写真」って、言ってるんだよね。だから、特別な日ではないのに、「今日」っていうのは、お父さんは、どんな日だと思ってるの？

C　墓参りに来た日？

T　う〜ん、そういうことじゃなくて……。「今日の記念写真」って言ってる「今日」って、お父さんはどんな日だと思ってるの？

麻実　戦争があって、死んじゃうかもしれないから。お父さんがいくさに行って、死んでしまうかもしれないから……。

智也　家族と、もう、最後の日だから。そろってる最後の……。

T　家族がそろってる、その最後の日だから。

夏美　お父さんが戦争に行くし…。お父さんは戦争に行くし……、だから、今日が……。

T　お父さんは戦争に行くし……、だから「今日」ということ……。うん。だから、みんなでお墓参りに来た、っていうこと……。

じゃあ、その最後の４行、みんなでもう一回読んでみて。

　　全員で場面①の最後の４行を読んで終わる。

【場面①の授業について】

　ここは、訊くことが割合にはっきりしていた。「お父さんは墓参りに行ってなにを願ったのか？」「お父さんにとって「今日」は、どんな日

18

なのか？」。学習シートに書かれたことからも、この二つを訊けば何とかなるのではないかと思っていた。この発問は子どもの課題になったと思う。

　お父さんの気持ちを考えることはできたように思うが、ちいちゃんたちがかげおくりを楽しんだだろうことには触れなかった。物語の後半のことを考えると押さえておくべきだったかもしれないが、この時間は出征を前にしたお父さんの気持ちを考えられればよいと思っていた。

【授業記録２】場面③

・空襲を逃れるちいちゃんたち。その中で、家族とはぐれてしまうちいちゃん。

　※この授業の前にインフルエンザが流行って少し間が空いてしまった。それで、物語の最初から読むことにした。その時間が少しかかっている。

T　それじゃあ、読んでもらうかな。ちょっと間が空いちゃったから、最初の①から読んでもらおうか。じゃ、沙絵ちゃん。

沙絵　（最初の場面①から読む）

T　はい、いいね。それでね、読む時に息を吸いながら読むといいよ。学習発表会の時の語り手みたいに、息を吸ってね。息を吸って、その時に気持ちを入れる。
　　じゃ、続きを、慶治君。

慶治　読む（途中で、T「うん、そこ、いいね。」）

T　うん。そのしゃべっているところ、会話のところの読み方がいいね。それじゃ、次、②のところ。

航樹　読む（途中で、Ｔ「うん、今ぐらいの早さがいいね。」）

Ｔ　うん、今ぐらいの早さだと内容を考えられるね。それじゃ、ここか
　　らはみんなで一緒に読んでもらうから、③からね。考えながら読む
　　んだよ。

　　全員で場面③を読む。

Ｔ　はい。それじゃ、今度は一人で読んでもらうかな。じゃ、穂香ちゃ
　　ん。それでね、今度はもうちょっと早く読んでもらおうかな。

　　ここからは空襲から逃れる緊迫した場面だったので、少しテンポを早
　　くして読むように指示している。
　　林田さん、川岸君、鈴木君、交代しながら読む。

Ｔ　はい、いいね。それで――。

板書

> 夏のはじめのある夜

Ｔ　それじゃ、訊くんだけど、ここからは難しいからよく考えてね。
　　夏の初めのある夜、ちいちゃんたちは目が覚めました。それは、ど
　　うして？

裕高　空襲警報で。

Ｔ　うん、空襲警報で目が覚めた。空襲警報って、下に（教科書の註に）
　　書いてあるね。敵の飛行機が飛んで来るのを見張ってて、遠くに見
　　えたりしたらサイレンが鳴るんだね。昼でも夜でも、サイレンが鳴っ

　　たら、もう、すぐ逃げなきゃいけない。だから、急いで逃げてるわ
　　けだ。
　　じゃ、今のところを、もう一回読んでみて。
Ｃ　読む（「──赤い火があちこちに上がっていました。」）

　ここでも読んでいる途中に時々、読みを止めて、内容を子どもたちに
確認している。

Ｔ　うん、「赤い火があちこちに上がっていました」って、どういうこと？
航樹　いろんな所に火が出ているって、いうこと。
Ｔ　いろんな所に火が出ているっていうのは？
Ｃ　いろいろな所に火が燃えてて、それで……。
Ｔ　う〜ん、だから簡単に言うと、それはどういうこと？　あちこちに
　　火が上がっていましたって？
穂香　爆弾が落ちてきたから、町のあちこちが燃えている。
Ｔ　うん、そうだね。爆弾が落ちて燃えているっていうことだね。いい？
　　じゃ、美幸ちゃん、続きを読んでみて。
美幸　（読む。──「こっちに火が回るぞ。」「川の方ににげるんだ。」）
Ｔ　うん、ここ、分かりますか？「こっちに火が回るぞ」って？
Ｃ　こっちに火が近づいてきた。
優陽　爆弾の火が、こっちに……。
智也　風が強い日だったから、火が出てて、他の方にどんどん広がって
　　きて、燃えて来る。
琉成　風が強い日だったから、火がこうやって回って、こっちに来るみ
　　たいに、風がこっちに来る……。
Ｔ　自分たちの所に？（Ｃ、「うん。」）そうだね。火がこう、こっちに回っ

て来る。

それで、すごく火が燃えると――、家がたくさん燃えちゃうと、自
然に風が出るんだね。火がぼうって燃えると、熱でね、風が出て来る。
風がない日でも風が出てきて、どんどん広がって来る。で、風が強
いんだから、もっと広がって来る。それで、今、火事になってるのは、
どこ？（C、「えっ？」）ああ、分かんないね。じゃ、ええと、町ね、（簡
単に図で板書する）こう、上から見たところね。で、火事になって
いるのは？

　街中が焼けていることを意識させようとしているが、ちょっとくどく
なっている感じだ。

C　ちいちゃんの住んでる所。
T　うん、ちいちゃんの住んでいる近くの所。でも、一つじゃないね。
　　あちこちだから、あっちの方も、こっちの方も。それで、あちこち
　　で火が出て、それがどんどん広がって来たっていうことだ。
　　で、「川の方に逃げるんだ」。これはどうですか？
C　川だから、水があるから……、火は来ないから……。
C　川の方に逃げたら、安全だから。
T　そうだね。川の方に来れば、家とかはもうないから、こっちの方に
　　は火は広がって来ない。だから、みんな、こういう所に避難するん
　　だね。
航樹　えっと、風が吹いているから……。こっちの方にまだ、炎が追い
　　かけて来ていないから。
T　こっちの方にはまだ炎が来ていない。川の方はまだ大丈夫だと
　　……、うん。

でもね、本当の時は、たくさん人が死んだんだって。みんな逃げて
るでしょう。でも、燃えている中を逃げるんだから、やけどをした
りするでしょう。どんどん燃えてるんだから、逃げられなかったり、
川の所まで来たんだけど、ここまで逃げて来て、でも、ここで死ん
じゃう人もいたんだって。後になって――、次の日になって、見た
ら、あちこちに焼けて死んじゃった人がたくさんいたんだって。だ
から、川の所でも大変だったって……。

　じゃあ、続き、ええと、どこだったかな、読んでみて。

美幸　読む。(――「風が熱くなってきました」「ほのおのうずが追いか
　　けて来ます」)

T　「風があつくなってきました」、これは分かるね？「ほのおのうずが
　　追いかけて来ます」、これは？　誰を追いかけてるの？

仲田　ちいちゃんたち。

T　うん、ちいちゃんたちが追いかけられているんだね。で、「ほのお
　　のうずが追いかけて来ます」だ。

C　風が、逃げてる方に……。ちいちゃんたちが逃げてる方に、風が来
　　ている。

T　逃げている方に風が来ている、追いかけて来るみたいに。

C　風が炎とかで熱くなってきたから、風がなんか一緒になって……。

T　うん、熱くなって、それが追いかけて来る。

　　それで――。

板書

お母さんは、ちいちゃんをだき上げて走りました。

T　これ、一回、読んでみて。(子どもたち、読む。)

ちいちゃんは、走れないの？

C　「いや、──」

　　「走れるんだけど、──」

　　「小さいから、──」（いろいろ言いかけるのを制して）

T　走れる？（C、「うん。」）走れるね。走れるって、どこに書いてある？
　　教科書に書いてあるね。

凌一　ええと、③からいうと３行目かな。ええと、「外に出ると、もう、
　　赤い火が、あちこちに上がっていました。」の左、「お母さんは、ち
　　いちゃんとお兄ちゃんを両手につないで、走りました。」

T　うん、そこだね。「走りました」って書いてあるね。と言うことは、
　　ちいちゃんも走れるんだ。（C、「だけどね──」）走れるんだけど、
　　お母さんが抱き上げて走ったんでしょう。ちいちゃんが自分で走っ
　　ていたのを、お母さんが抱き上げて走ったわけでしょう。それは、
　　どうして？

麻実　大人の走る幅と、子どもの走る幅が……、お母さんと違うから、
　　だから、ちいちゃんがお母さんと一緒に走っていると、遅くなっちゃ
　　うから。

T　ちいちゃんが一緒に走っていると、遅くなっちゃう。

　　（以下、板書していく）

琉成　子どもがただ走るだけじゃ、子どもは遅すぎるから、炎とかに巻
　　き込まれてしまうから、抱き上げて走った。

慶治　ちいちゃんは、まだ小さいから、危ないから。

T　ちいちゃんは、まだ小さいから。

穂香　炎のうずが追いかけて来て、お母さんとちいちゃんが走ってて、
　　もし、ちいちゃんが遅れたら困るから。

優陽　ちいちゃんは、まだ小さくて、走るのが遅いから。だから、ちいちゃ

24

んが転んだり、大人の人に巻き込まれるみたいになったり……。

航樹　ちいちゃんは、まだ家族の中でいちばんちっちゃいから、まだ手をつないだだけだったら、危ないから。

Ｔ　うん、手をつないだだけじゃ危ない。他には？　同じ？（Ｃ、「うん」）

Ｔ　じゃあ、少し違うことを訊くかな。あのね、「まだ、小さいから」って、誰か言ってたんだけど、ちいちゃんって、何歳くらいなの？（Ｃ、「ええっ？」）教科書には「ちいちゃんは何歳です」って書いてないから、それはみんなが考えていいんだけど、みんなはどのくらいだと思ってるの？

　突発なようだが、この発問は「ちいちゃんがまだ小さい」ということをここで押さえておきたいと思って、確認するつもりで訊いている。

Ｃ　５歳ぐらい。

Ｃ　３歳ぐらい。

Ｃ　３歳か４歳。

将彦　１年生ぐらい。（Ｃ、「えっ？」）

Ｔ　ああ、けっこう大きい。もう小学校に入ってるの？（Ｃ、「ええっ」「それは――」）

Ｃ　２歳か、２歳半ぐらい。

Ｃ　同じだけど、３歳ぐらい。

Ｔ　ふうん。じゃ、ちょっと訊いてみるよ。５歳か６歳ぐらいだと思う人は？　２歳か３歳、まあ４歳ぐらいじゃないかと思う人は？（ほとんど全員）もう小学校に入ってるんじゃないかと思う人は？　じゃあ、だいたい２つか３つか、４つくらいじゃないか、と。どうして、そう思うの？

麻実　お兄ちゃんの年が５歳ぐらいだと思って、だから、それより小ちゃ
　　　いんだから。
C　教科書を見ると、かなりちっちゃいから。
T　ああ、教科書の絵ね。まだ、ちゃんと走れそうじゃないね。
智也　お兄ちゃんがまだ学校に入っていないぐらいだから。
T　うん、だから、２歳か３歳、４歳。そのぐらいなんだね。
T　それじゃあ、みんなで、ここまでもう一回。読んでみて、少し早め
　　　にね。

　　　全員で読んでいる。「お兄ちゃん、はぐれちゃだめよ。」まで。

T　お母さんは、なんでこんなこと言ったの？
C　ちいちゃんは抱いてるけど、お兄ちゃんはもう抱いたりできないか
　　　ら。
C　二人とも抱けないから、お兄ちゃんは自分で走るから……。
T　そうだね。そうやって言ったんだけど、お兄ちゃんが、(C、「転んだ」)
　　　うん、転んだ。それで、ケガをしちゃった。

　　　１時間目が終わっている。トイレ休憩の後、残りを続ける。

T　はい。じゃ、10ページから読んでみて。

（全員で読む）

T　うん、いいね。夏美ちゃん、もう一回読んでくれる。
夏美　読む（「――ちいちゃんは、さけびました。」のところで）

26

T　うん、それで、ちいちゃんの声って、お母さんに聞こえた？

C　いや。

C　聞こえてない。

T　どうして聞こえなかったの？　ちいちゃんは叫んだんでしょう、「お母ちゃん、お母ちゃん」って。でも、聞こえなかった？

C　もう、はぐれちゃっていたから、お母さんとちいちゃんが、もう離れちゃっていたから。

優陽　人がたくさんいたから、足とかで見えなくなって……、ちいちゃんはちっちゃいから……。

T　「たくさんの人が」って書いてあるからね。人がいっぱいだったからね、ぶつかったりしてね。叫んでも聞こえなかった。うん。

　　じゃ、絢音ちゃん、続きを読んで。

絢音　読む（「──そのおじさんは、ちいちゃんをだいて走ってくれました。」まで）

T　このおじさんは、何をしてたの？

C　逃げてた。

C　走って逃げてた。

T　うん、走って逃げてた。でも、このおじさんだって、遅れたら危ないわけでしょう。みんな必死になって逃げてるんだから。遅れたら火に焼かれちゃうでしょう。それなのに、ちいちゃんを抱いたら遅くなっちゃうのに、どうして、ちいちゃんを抱いて走ったんだろう？

　この発問は、しなくてもよいものだったかもしれない。場合によっては、中心から逸れてしまうこともあるだろう。しかし、ここでは子どもたちはよく読み取っていると思う。ここまでの流れの中で読んでいるのだろう。

27

沙絵　小さい子だったし、お母さんを捜していたから、だから、「後から来るよ」って言って、抱いて走った。

航樹　ちいちゃんが「お母ちゃん」って言っていたし、子どもだったから、なんか可哀想だったから。

後藤　ちいちゃんは、お母ちゃんとはぐれて、「お母ちゃん、お母ちゃん」って言ってて、このままだったら、ちいちゃんは火に巻き込まれるから、このおじさんは、ちいちゃんを抱いて走った。

林田　このぐらいちっちゃい子だったら、普通は誰か大人の人と一緒に逃げるのに、誰もいなかったから。

Ｔ　そうだね。じゃ、続きを（読んで）。

絢音　（読む）

Ｔ　はい。それで——、

板書

> ちいちゃんは、ひとりぼっちになりました。ちいちゃんは、たくさんの人たちの中でねむりました。

Ｔ　「ちいちゃんは、ひとりぼっちになりました。ちいちゃんは、たくさんの人たちの中でねむりました。」それで、ちょっと難しいかな。「ちいちゃんは、ひとりぼっちになりました」って、どういうことだろう？

美幸　ほんとは暗い橋の下にたくさんの人がいるんだけど、家族がみんな離ればなれになっちゃって、……。

Ｔ　うん、家族が離ればなれになっちゃって。

麻実　たくさんの人の中にいるんだけど、ちいちゃんの知らない人ばっ

　かりだから、家族もいなくて……、知ってる人がいなくて、だから、ひとりぼっち……。

智也　周りにいっぱい人がいるんだけど……、（T、「うん、『たくさんの人たち』って書いてあるね。」）だけど、知ってる人がいなくて、家族もいなくなっちゃって……。

林田　一緒にいたお母さんやお兄ちゃんもいなくて、家族と違う人たちだから……。

T　うん、そうだね。じゃ、最後にもう一つだけ。「ちいちゃんは、たくさんの人たちの中でねむりました」って、書いてあるね。たくさんの人たちの中でねむりました。ちいちゃんは、ちゃんと眠れた？

C　いや。

C　お母さんがいないから、お母さんのことを……。だから、なかなか眠れない。

C　お母さんとはぐれたから、眠りたくても、なんかお母さんのことばっかり思ったりして、あんまり眠れなかった。

隼斗　お兄ちゃんもお母さんもいなかったから、安心して眠れない。

C　一人になっちゃったから……。

T　うん、そうだね。眠れなかったかもしれないね。一人になっちゃったからね。

【場面③（授業記録2）について】

　前半の空襲から逃れる部分が少しくどかったかもしれない。この時間は、「お母さんがちいちゃんを抱き上げて走ったのはどうしてか？」という発問を中心に考えていた。教材全体の中ではそれほど大事なところではないけれども、こう訊けば子どもは考えるのではないかと思ったからだ。そのためには切迫した状況が分かっていないといけないと考えた。

この発問は課題になったと思う。

　この場面は、最後のひとりぼっちになったちいちゃんの気持ちが中心になるのかもしれない。しかし、そこをどう扱えばよいか考えがまとまらなかった。やっと「ちいちゃんは、ちゃんと眠れた?」と訊くことを思いついただけだった。後で検討した時にも、ここは少しもの足りないという意見があった。

【授業記録3】場面⑤（④の最後から）

・防空壕のなかで衰弱していくちいちゃん。その中で、思い続けていた家族の影を見る。

T　それじゃ、④のところから読んでもらおうか。じゃ、航樹君。
航樹（読む）
T　はい。じゃ、続きを——。将彦君、読んでみる?

　この子は音読があまり上手ではない。漢字を読み間違ったり、つっかかってしまうことが多い。その子が机から手を少しだけ挙げて私を見ていた。「ちゃんと読めないかもしれないけれど、読んでみたい」という感じだった。

将彦（読む。気持ちを込めてしっかりと読んだ。）
T　うん、いいね。ずいぶん上手になったね、うん。じゃ、続きを、絢音ちゃん。
絢音（読む）
T　はい、いいね。それじゃ——。うん?　琉成君も読んでみる?（読

みたそうにしていたので）そう。じゃ、今、読んだところをもう一
回読んでみて。

琉成（読む）

T　うん、いいね。それで——。

板書

> その夜

T　その夜って、何をした日の夜だか、分かる？

隼斗　ちいちゃんが、おばさんと——、おばさんと家に戻った日。

T　そう。おばさんと家に帰って来たんだね。帰って来たんだけど、帰っ
てみたら家は、（C、「焼け落ちてた」）うん、焼け落ちてなくなっ
ていた。で、その夜、ちいちゃんは誰といるの？

　もちろん、ちいちゃんは一人になっている。たった一人で夜を過ごし
ているちいちゃんを意識させたかった。

C　えっ？

T　うん、夜でしょう、その日の夜でしょう。ちいちゃんは誰といるの？

C　ひとり。

T　ひとり、うん。おばさんは？

C　おばさんは帰った。

　ここから私が、防空壕や乾し飯のことをずいぶん長く話している。予
定にもなかったことなのだが、防空壕に一人残っているちいちゃんの大
変な状況を感じてほしいという意識が、つい出てしまったのかもしれな

い。しかし、記録で読んでみても、ここまでのことを確認するような感じで、それほど違和感もないしマイナスにはなっていないように思う。

T　帰ったね。いつ帰ったかというと（C、「その夜の前に」）前だね。うちに帰ったのが、朝だね。朝、うちに帰って来て、おばさんは家が焼けちゃったから、自分のお父さんの家に行っちゃった。それで、ちいちゃんだけが焼けたところに残ったんだね。それで夜になった。それで、（教科書を読む）「ちいちゃんは、ざつのうの中に入れてある」——。雑嚢って？（C、「いろいろな物を入れて肩にかけるカバン」）うん、そう。それで、どうして、そういうものがあるのかって言うと——。空襲警報が鳴るでしょう。そうしたら、昼でも夜でも、すぐ逃げるわけでしょう。（C、「物を詰めたりして——」）うん、物を取りに行く時間がないんだから、だから、雑嚢っていうカバンの中に、どうしても要る物だけ、例えば薬みたいな物とか、名前や住所を書いた紙なんかも入れておくのかな。それから食べ物だっているでしょう。(C、「乾し飯」) 乾し飯だね。乾し飯って？(C、「ご飯を乾かしたもの」) そう、ご飯だけど——、ご飯って腐ってしまうでしょう。だから、腐らないように乾かすわけ。カチカチになっちゃうね。その固いやつを食べるわけだね。(C、「おいしいの？」) 味なんか何にもない。ただのご飯を乾かしただけ。乾かすと何日かは保つでしょう。でも、おいしくないよ。おいしくないし、味も何にもないんだけど、でも、食べる物が何にもないんだから——。固いから、口の中に入れてるとだんだん軟らかくなって、それを飲み込むんだね、きっと。そのご飯の乾いたのをカバンの中に入れていた。それを持ってたんだね。

　（読む）「ちいちゃんは、ざつのうの中に入れてあるほしいいを、少

し食べました。そして、こわれかかった──」。壊れかかったっていうのは、爆弾とかでだね、「こわれかかった暗いぼうくうごうの中で──」。どうして暗い防空壕なの？（C、「光も何にもないから」）そうだね。電気も何にもない。周りもみんな焼けちゃったから、何にもないんだね。何にもないから、夜になったら本当に真っ暗になってしまう。防空壕って、穴みたいなものだからね。その中に入って──、真っ暗だからとても暮らせないんだけど、でもサイレンが鳴ったら逃げるわけだ。

それでも、爆弾とかが落ちたら壊れちゃうから、絶対大丈夫だということはないんだけどね。それでも家なんかにいると、焼けたりするからね。

で、次にこう書いてあるでしょう。

板書

お母ちゃんもお兄ちゃんも、きっと帰って来るよ。

T 「そして、こわれかかった暗いぼうくうごうの中で、ねむりました。」ってあって、次にこう書いてある。「お母ちゃんもお兄ちゃんも、きっと帰って来るよ。」これは誰が言ってるの？

裕高 ちいちゃん。

T ちいちゃんが言ってると思う？ 隆矢君は？

隆矢 ちいちゃん。

C ちいちゃん。

T そう。ちいちゃんが言ってると思う人は？（ほとんど全員、挙手）ああ、みんな、そうか……。

ここは考えが分かれるかもしれないと思っていた。お父さんの声が聞こえた、と考える子もいるだろうと予想していた。それも認めるつもりでいたが、ここでは出てこなかった。

T　うん、それで、「お母ちゃんもお兄ちゃんも、きっと帰って来るよ」って言ってるんだけど、どんな気持ちで言ってるの？（C、「はい」）ああ、ちょっと待ってね。その前に、これは誰に言ってるの？
C　心の中で。
C　ひとりごと。
T　うん、ひとりごとだね。誰もいないんだからね。この暗い所に——。ええと、これだね。
　　（絵を1枚取り出して黒板に張る。C、「ああ——」）

　このお話の市販の絵本には、教科書の挿絵にはない場面も絵になっている。そのうちの何枚かをコピーして色鉛筆で加筆し状況がよく分かるようにしたものを用意していた。何枚かを使ったが、子どもたちはちいちゃんに共感するようによく見ていた。

T　これだね、暗いところに一人しかいないんでしょう。で、こう言ったんだけど、この時のちいちゃんの気持ちって、どうだったんだろう？　ひとりごとなんだけど、どんな気持ちだったんだろう？
夏美　お母さんとお兄ちゃんが、早く帰って来てほしいって、思ってた。
麻実　お母さんとお兄ちゃんは、今、どこにいるんだろうって……。
T　ああ、まだ帰って来ないからね。
梨華　絶対に帰って来ると思って。
T　ああ、絶対に。待っていれば、絶対に帰って来る、と。

後藤　お母さんとお兄ちゃんに、早く会いたいって思って……。

穂香　お母さんたちが死なないで、すぐ帰って来てほしいって。

愛梨　泣きたいような気持ちだったと思う。

航樹　お母さんとお兄ちゃんが、帰って来るのを願っている。

Ｔ　ああ、願ってる。うん、そうだね。
　　それで、「くもった朝が来て、昼がすぎ、また暗い夜が来ました」。
　　ちいちゃんは、何をしてたんだろう。

琉成　何にもしてないんじゃない……。

Ｃ　ただ……。

　発問というよりひとり言のように「ちいちゃんは、何をしてたんだろう」と言ったのだが、すぐに「何もしてないんじゃない」と返ってきた。ちいちゃんは、ただ待っている……。こういう子どもの感性に驚く。理屈ではない、子どもたちはこの物語を感覚的に感じ取っているのだ。

Ｔ　何もしてない……。じっとそのまま待ってた……。うん、そして──
　　──、「ざつのうの中のほしいいを、また少しかじりました。そして、こわれかかったぼうくうごうの中でねむりました。」

　私は、ただ教材文をしずかに読んだのだが、もう何も訊かなくても十分何かを感じ取っている雰囲気だった。発問も説明の言葉も、もういらないのだろう。教材文の文章だけで、子どもたちはちいちゃんの心情に共感しているようだった。

Ｔ　それで、⑤だね。じゃ、陽希君、読んでみて。

陽希　読む

綾花　読む

T　はい、それで——。

板書

> ちいちゃんは、暑いような寒いような気がしました。ひどくのどが
> かわいています。

T　これはどういうことなんだろう？　「暑いような寒いような気がし
　　ました」。ちいちゃんが、どんなふうになったの？

愛梨　ちいちゃんは、体がふらふらして、もう限界になってる。

T　体がふらふらして、(聞き違えて) 元気がなくなってる。(C、「限界」)
　　ああ、限界ね。もう体が限界になってる。

航樹　暑いのか寒いのかも分からなくって、もう弱っている。

T　ああ、暑いのか寒いのかも、自分で分からない。

C　分からないぐらい、弱っている。

嘉佳　もうへたへたになっていて、水がないから、死にそうになってい
　　る。

優陽　なんかのどが渇いていて、お腹もすいているから、衰弱している。
　　(T、「衰弱って？」) すごく弱っている。

将彦　あの、すごくのどが渇いていて……、あの、なんかね、体が動か
　　ないっていうか……。

T　もう、体を動かせない——。そうだね、うん。もう何日経ったんだ
　　ろう……、空襲の日からこの日まで。(C、「3日目？」) 空襲があっ
　　て逃げたでしょう、その夜はどうしたんだっけ？ (C、「橋の下に」)
　　で、次の日は、(C、「防空壕のなか」) 防空壕の中に一人だね。で、
　　次の日の夜が来て、(C、「次の日も防空壕」) だから、今は……、1、

36

　２、３日目の夜だね（私が勘違いしている。４日目の朝）。水なんか、どうしたのかなあ。

C　水なんて、ないんじゃないの。

C　「ひどくのどがかわいています」だから……。

T　水なんて、なかった――。乾し飯が少しだけ……。うん、それで――。（間違いに気づく）あっ、違うね。今はもう夜が過ぎて、次の日だね。「明るい光が」だから、もう、４日目の朝だね。

　じゃあ、13ページの最後から、読んでみてくれる。

凌一　読む（「――青い空からふってきました。」）

T　うん、「かげおくりのよくできそうな空だなあ」って、お父さんがここにいて、こう言ってるわけ？（C、「いや」）お父さんはいないよね。これは、誰もしゃべっていないのに、ちいちゃんに聞こえた。（C、「ちいちゃんだけに」）そう、ちいちゃんだけに聞こえた。それから、「ね、今、みんなでやってみましょうよ」これもそうだね、お母さんが言ってるんじゃないよね。

　じゃ、続きを読んでみて。

C　（読む）

T　はい、そうだね。じゃ、15ページの最初のところから、もう一回、みんなで読んでみて。

　（全員で読む）

T　はい、それで――。

板書

| ちいちゃんが空を見上げると、青い空に、くっきりと白いかげが四つ。 |

T　「ちいちゃんが空を見上げると、青い空に、くっきりと白いかげが

四つ」。「くっきりと」っていうのは？

C　ちゃんと。

C　はっきりと。

T　うん、そう。じゃあ、この時、かげおくりをやっているのは、誰？

C　ちいちゃんだけ。

T　うん、ちいちゃんだけだね。ちいちゃんだけ、一人でやっている。それでさ、ちいちゃんが一人でやってるのに、白いかげが４つでしょう。「ちいちゃんが空を見上げると、青い空に、くっきりと白いかげが四つ」。でも、ちいちゃんが一人でやっているんだから、本当は１つしか見えないはずでしょう。どうして、ちいちゃんに白いかげが４つ見えたの？　（C、「本当は見えないはずだったのに……。」）ちょっと待ってね、今、聞くからね。訊いていることは分かった？　ちいちゃんが一人でやっているのに、どうして白いかげが４つも、ちいちゃんに見えたのか――。じゃ、一回読むから、読み終わったら訊くから、考えておいて。ええと、どこから読むかな。

（私が読む）「ちいちゃんはふらふらする足をふみしめながら、――空にすいこまれていくのが分かりました。」

T　はい、じゃあ、なんで、ちいちゃんに白いかげが、４つ見えたの？

綾花　みんなに会いたいと思ってて……、会いたいと思う気持ちが強かったから。

T　ああ、みんなに会いたいって、そういう気持ちが強かった。

麻実　ちょっと似てるんだけど……、みんなに会いたいっていう気持ちが強かったから、それが伝わった。

T　伝わった？　伝わったって、分かる？　（C、「通じた」）うん、そうだね。気持ちが通じたっていうことだね。

夏美　ちいちゃんが、みんなのことを、すごい思い出して、それで

38

……。

後藤　前にみんなでかげおくりしたことを、思い出したから、白いかげ
　　　が４つ見えた。

Ｔ　ああ、最初に墓参りに行ったときにしたことを思いだしたから。

智也　本当は見えないけど、ちいちゃんが前にかげおくりをしたとき、
　　　すごく楽しかったから、ちいちゃんに見えた。

佳文　昔やったかげおくりを思い出して……、それで会いたいって思っ
　　　てたから……。

Ｔ　うん、それでどうして思い出したの？

航樹　「かげおくりのよくできそうな空だなあ」って、お父さんの声が
　　　聞こえたから。

Ｔ　声が聞こえたから。ああ、お父さんの声が、ちいちゃんに聞こえた
　　　から、それで——。

優陽　なんか、ちいちゃんは、もう死にそうだから……、それで最後に
　　　見えた。

Ｃ　もう体が弱ってるし、お父さんたちに……、みんなに会いたいと思っ
　　　てるから……。

隆矢　また、みんなでかげおくりをしたいっていう気持ちが強かったか
　　　ら……。

絢音　ちいちゃんは、お父さんたちに会いたかったけど、でもまだ会え
　　　なくて、それでかげおくりになって……。

　子どもたちはいくらでも言い出しそうな感じだった。でも、もう十分
だ、と思った。子どもたちは十分に感じ取っている、それでいい。終わ
りのチャイムももう鳴っていた。

T　ああ、そうだね――。うん。それじゃ、最後にね、「そのとき、体がすうっとすきとおって、空にすいこまれていくのが分かりました。」ってあるけど、これはどういうこと？

C　ちいちゃんが死んじゃったんじゃない？

C　天国に行っちゃった……。

T　ちいちゃんが、天国に行っちゃった……。そうだね……。

　それじゃ、終わります。

【場面⑤（授業記録3）について】

　「ちいちゃんに、なぜ4つのかげぼうしが見えたのか？」。普通のようだけれど、こう訊けばきっと子どもたちが感じ取っていることが出てくるだろう。子どもたちの学習シートを見ていても、そういう気がした。

　前半に少し問題があるかもしれない。でも、学級全体がこの教材の世界を感じ取っているような気がした。最後のところは、子どもたちの発言をもっと明確にすべきだったかもしれない。しかし、授業をしているときには、ちいちゃんの気持ちを子どもたちがここまで感じ取っていれば、もう十分ではないかという気持ちだった。

【場面⑤の最後、場面⑥の授業】

　ここはあまりしつこくやらず、読みを中心にするくらいでいいだろうと思った。場面⑤の最後にある「なあんだ。みんな、こんな所にいたから、来なかったのね。」の部分を少しだけ確認した。

　「こんな所って、どこ？」――「空色の花畑のなか」「天国」。

　「ちいちゃんは、みんながどこに来ると思ってずっと一人で待っていたの？」――「ちいちゃんのおうち」「焼けたお家」。

　ほぼ予想したとおりのことが出て、授業は終わった。それでいいと思

った。しかし、後になって気がついた。なぜ「お家って、ちいちゃんにとって、どんなところだったの?」と続けて訊かなかったのか――。きっと「家族が一緒にいたところ」とか「みんなと楽しくいたところ」という意味のことが、もっといい表現で子どもたちから出てきたはずだ。そうすれば、「おうちのとこ」としか答えられなかったちいちゃんの気持ちに、すうっとつながっていったのではないか。「おうちのとこ」という意味に、もう少し迫ることができたかもしれない。

　あるいは、場面④の授業を、そういう発問を中心に考える方が自然だったかもしれない。焼け跡の防空壕に一人留まるちいちゃんの気持ちに、自然な流れで近づくことができたかもしれない。

4，おわりに

　授業記録を読み返してみて、この物語をこれだけ感じ取ってしまう子どもの感性や感覚を改めて思う。3年生には少し難しいのではないかという気持ちがあったのだが、むしろ子どもたちの方が鋭く感じ取っているのではないかと思うこともあった。私が、何気なく曖昧に言ったり話したりすると、それを補うように子どもの方からすぐに出してくるのだ。

　例えば⑤場面、ちいちゃんが弱っていくところ。「だから、今は……、1、2、3日目の夜だね。水なんか、どうしたのかなあ」と私がぽそっと言ったことがあった。子どもたちに訊きたいのではなく、何となく口から出たのだ。すると、「水なんか、ないんじゃないの」という声が聞こえ、続けて「『ひどくのどがかわいています』だから……」と言う子がいる。語尾を下げるような本当に切ないような言い方だった。ああ、その通りだ、と私は思った。

　また、「かげおくりのよくできそうな空だなあ。」という幻の声が聞こ

えるところ。私が確認しようとして「これは、誰もしゃべっていないのに、ちいちゃんに聞こえた」と言うと、即座に「ちいちゃんだけに」と子どもが言い足す。そうだ、ちいちゃんだけに、なのだ。読み取っているというより、感じ取っている、ちいちゃんに共感している。そういう感じだった。

　もう一つ、この授業を通して感じたことがある。子どもが表現するということ。授業では読む機会を多くした。読みの練習もしたので進んで読むという子も多かった。そういう中で、本読みが得意ではない子が遠慮がちに手を挙げて読もうとする。けっして滑らかな読みではないけれど、一文字もおろそかにしないように一生懸命に気持ちを込めて読んでいる。そういう子どもの姿。何か表現しようとしている、その読み自体が貴重なものに思える。

　また、最後の方、なぜ4つの影が見えたのか、と訊いた時のこと。後方の席でKさんがスッと手を挙げていた。この子は真面目によく考えるのだが、控え目で自分から発言することはほとんどなかった。その子が前を見据えるようにスッと手を挙げている。その時の凛とした表情も忘れられない。誰でも自分を表現する力があり、表現したいと思っているのだろう。そういう場をきちんと用意できているかどうかが大事なのだ。

　はじめにこの教材の授業を考えていた時、どういう計画がよいのか、どういう発問なら読み取れるだろうか、そういうことをずっと思っていた。しかし、大事なのはこの物語を子どもにどう対面させられるかということなのだろう。そういう手立てが用意できれば、子どもは何事もないように教材の世界に近づいていくのだろう。

　読むのは子どもなのだ。感じ取るのも子どもなのだ。教材を子どもの前にどういうものとして、どういうふうに出していくか。そして、子ど

もが感じ取ったことや思ったことを、どれだけ敏感に受け止められるか。教師が教材解釈をするというのは、そのためなのだろう。この授業記録を検討していただいた時に、最後に箱石先生が言われたことを思い出す。

「——だから、子どもの把握と教材解釈ですね。この教材を教師がどう読むか、何が課題になるかということを徹底的に読む。でも、それだけではだめで、子どもがどう読むかということを把握する。その間に接点を——接点というのは火花なんだよね——、ただ単純に接続するというのではなくて、そういう接点を——どうやったら、そこに火花が起きるかという接点を——探り出すということなんだ」。

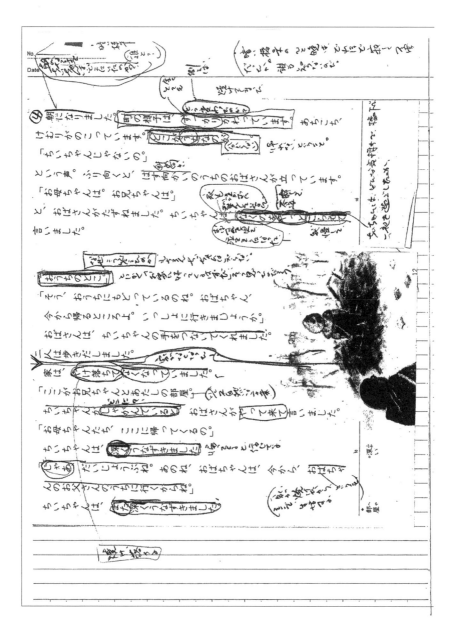

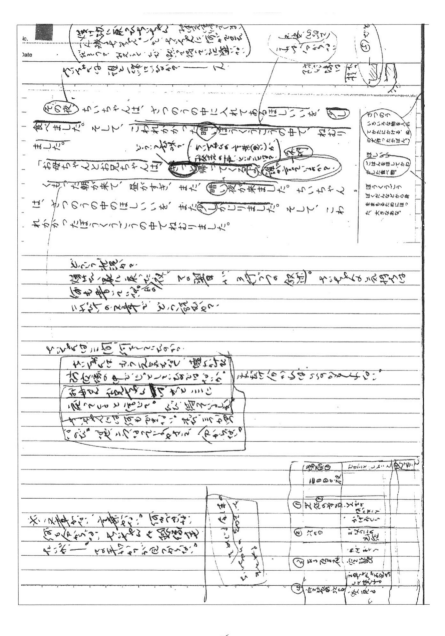

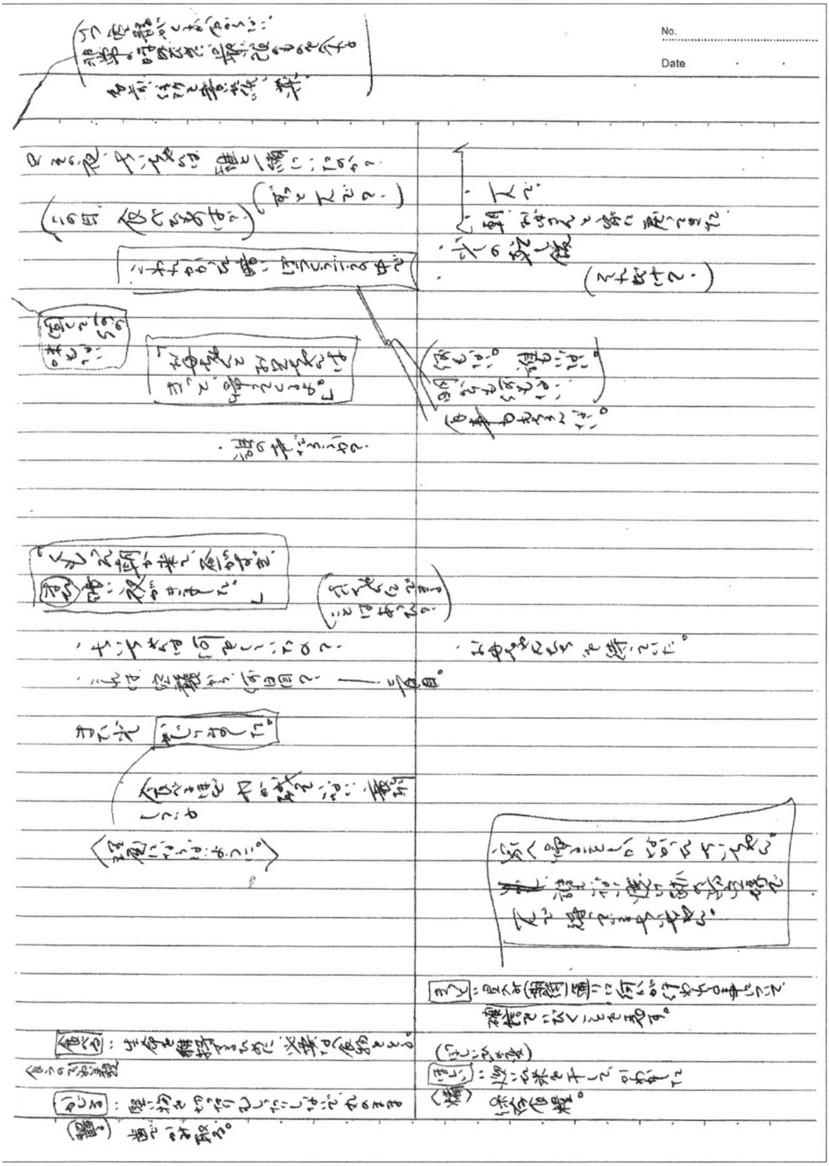

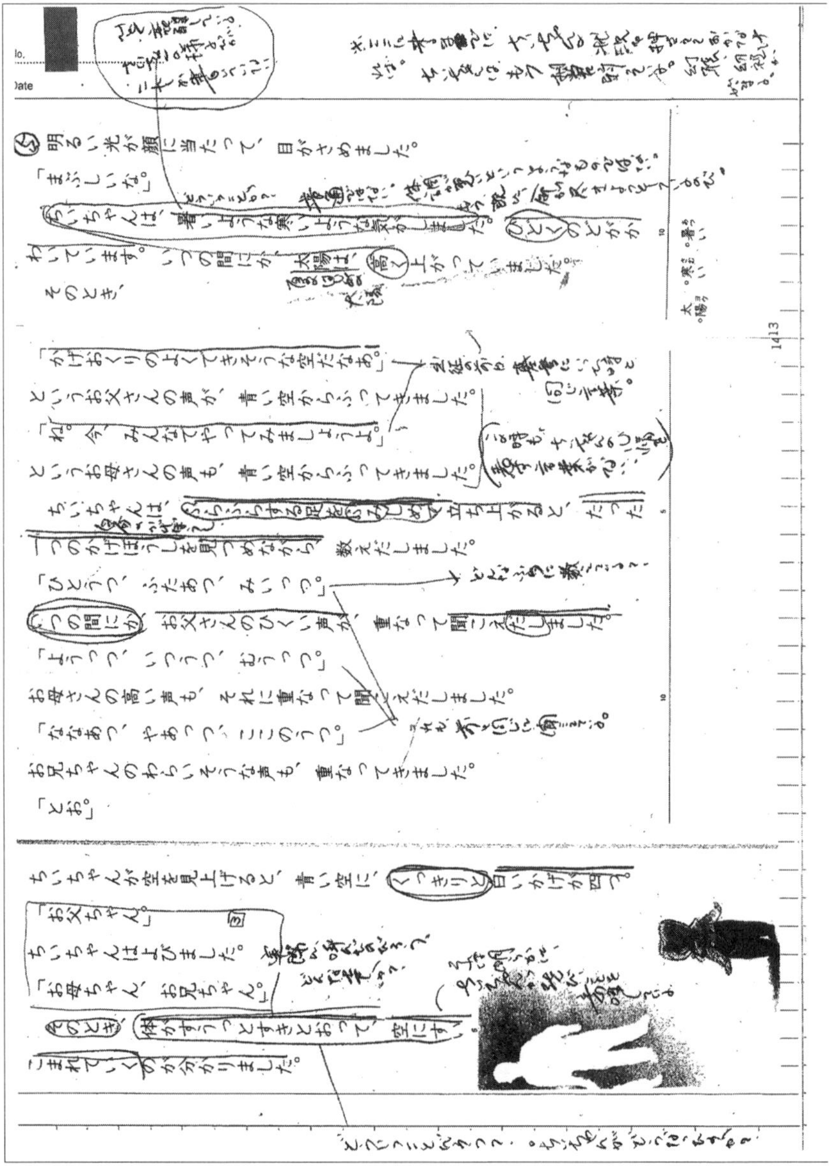

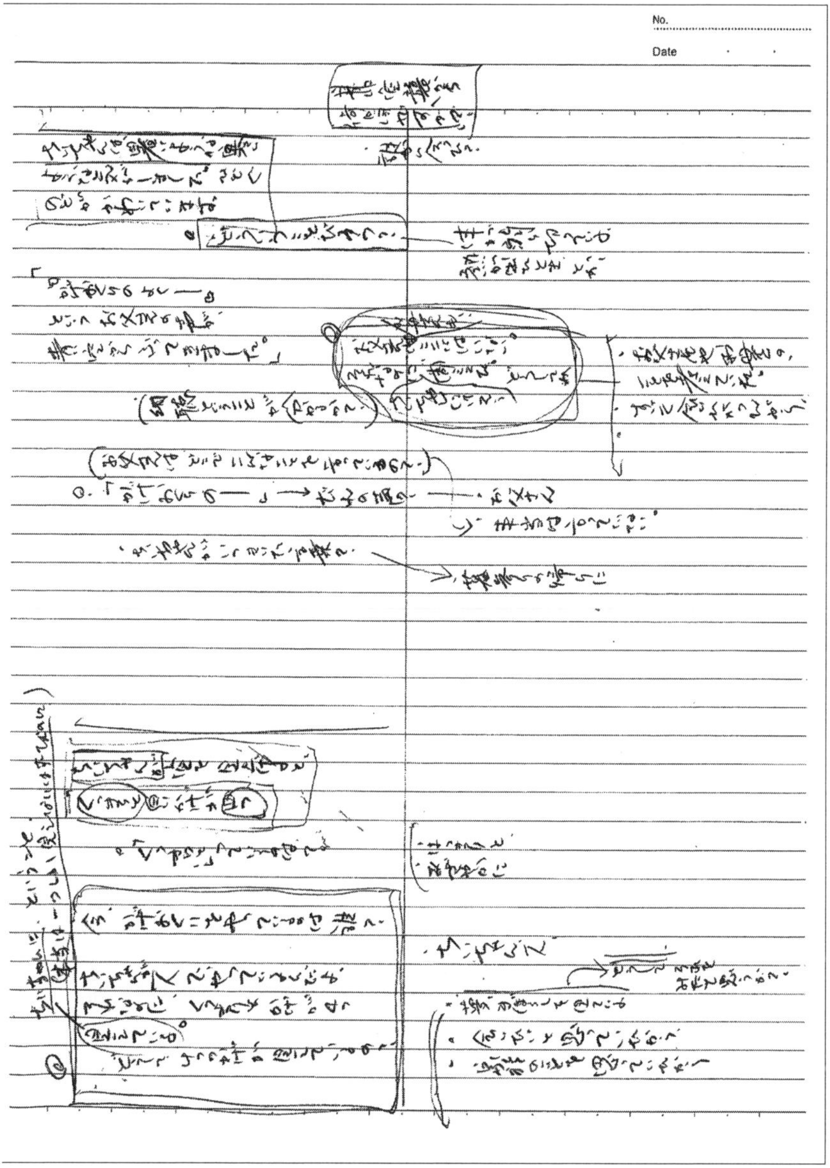

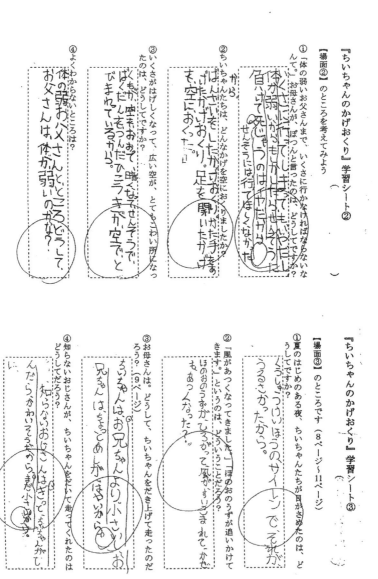

『ちいちゃんのかげおくり』学習シート②

【場面②】のところを考えてみよう（　）

① 「体の弱いお父さんまで、いくさに行かなければならないなんて。」お母さんが、ぽつんと言ったのは、どうしてですか？
体が弱いのに行ってしまったらしんじゃうから。せんそうには行ってほしくなかった。

② ちいちゃんたちは、どんなかげを空におくりましたか。
げんきをおしたがら、おくり、空におくった。つないだ手をあげて、空におくった。

③ いくさがはげしくなって、広い空が、とてもこわい所になったのは、どうしてですか？
ばくだんがおちて、暗くなってひこうきが空でとびまわれているから。

④ よくわからないところは？
お父さんは、体が弱いのかな？どうして、体の弱いお父さんと、どこ、どうして、

『ちいちゃんのかげおくり』学習シート③

【場面③】のところです（8ページ～11ページ）

① 夏のはじめのある夜、ちいちゃんたちが目がさめたのは、どうしてですか？
くうしゅうけいほうのサイレンで、それがうるさかったから。

② 「風があつくなってきました」というのは、どういうことだろう？
ほのおのうずが追いかけてきて、ほのおのうずが、ひろがって風がまきこまれて、かぜもあつくなった？

③ お母さんは。どうして、ちいちゃんをだき上げて走ったのだろう？（9ページ）
ちいちゃんはお兄ちゃんより小さいお兄ちゃんはちょっとあしがはやいから。

④ 知らないおじさんが、ちいちゃんをだいて走ってくれたのはどうしてだろう？
知らないおじさんが、ちいちゃんだから、かわいそうだから、まだ小さいんだら、か。

『ちいちゃんのかげおくり』

	① 出征する前の日	② 次の日 / それから	③ 夏のはじめのある夜	④ その次の朝 / その夜 / その次の朝	⑤ その次の朝	⑥ 何十年か後
場面						
できごと・ちいちゃんがしたこと / 気がついたこと・分からないこと	*(手書きの記入)*	*(手書きの記入)*	*(手書きの記入)*	*(手書きの記入)*	*(手書きの記入)*	*(手書きの記入)*

『ちいちゃんのかげおくり』学習シート①

【場面①】のところを考えてみよう

① ちいちゃんたちは、いつ「先祖のはかまいり」に行きましたか？でも、どうして「はかまいり」に行ったのだろう？

　しゅっせいする前の日　せんそうで死ぬお父さんがせんそうに行くように

② お父さんは、「かげおくりのよくできそうな空だなあ。」って、だれに言いましたか？

　お母さん、お兄ちゃん、ちいちゃん。

③ 「かげおくり」は、どうやってやるの？

　十数える間かげぼうしをじっと見つめる。そして「十」と言ったら、空を見あげる。すると、空に写って見える

④ 「今日の記念写真だなあ。」とお父さんが言ったけど、今日はどんな日なのかな？

　はかまいりにいった日だね、じゃん。

⑤ よくわからないところは？

　お母さんのさえってふつうの女のこと。

「今日の記念写真だなあ。」
と、お父さんが言いました。

○お父さんにとって、今日は
どんな日なのか。

・今日は、どんな日だと思って
いるのか。

「や今」よくー
「今」とんで
やってきましょよ」とお母
さんが横から言って。

「お父さんやお母さんが子ども
のころ

どうして？

記念写真って、どういう時とるの。

何かあったとき、
記念に（とる）。

・記念
・出征だろう
・判じにどろ → 特別な日（■）
・出征する弟のお祝い（■）だから
○家族にしばらく会えないから

家族が村で
合っている同。最後の目　ひょっと
したら、こういう日かもしれないという意も
あるだろう。

これは出ないかもしれない。

お父さんお母さん
お父さんや出征のことを
考えているはず。

明日は、戦争に
いくことになる。今日は
記念と考えても
いいか。

【本時の展開】

展開の核	子どもの可能性	結晶点	予想される難関

場面④

明日、出征、いければならない。お父さんの気持ちを考える。出征を前にして、墓参りに行くお父さん達。そこでどんなことを展っているか。

場面④を読む
・指名読み
※「出征」ということ

「出征する方の日、お父さんは、ちいちゃん、お兄ちゃん、お母さんをつれて、先祖のはかまいりに行きました。」

●お父さんは、どんなことをお祈りしているのか。

「この行き道、青い空を見上げたお父さんがつぶやきました。」

・戦争で死ぬかもしれない
・お盆
・墓参りに行くこと、感じを
・なぜ、墓参りに行ったのか
・お父さんが死なないように
・お父さんが死んでしまうかも
・家族が助かるように
・無事に帰れるように
・生きて帰ってくるかも
・先祖のなんかを
・お墓参りは母日だ

・お父さんが、みんなで行くを話う。
・身体が生まて帰ってくる
・三、身体がない間
・家族、家族のこと。お父さんは、考えているだろう。

・しかし、幼いちいちゃんは、わかっていないかも
・一緒に来てほしい
・これは、投わりかたが

①「ぜんぶで何才ぐらいなのか。」

・ちびっこ——
——おばちゃんが
こうぶっ——か。

三四才　→　どうしてそう思うの。

五六才

※根拠が——

おかあさん、おばあさん
ちびちゃんはすきだ——

・ちびちゃんのこえはおかあさん
　に聞こえるだろうか。
　　　——どうして？。

おじさんだって——

そのおばあちゃんはちびちゃんを
だいてくれるか。
・ちゃんと記おくして
が、過ぎてるのに、どうしよう？。
・ちびちゃんが大きくなってから、
　ちびちゃんが死んでしまうと思って。

・聞こえなかった。
・聞こえたら、来るよね。
・聞いて心ぱいなった。
　心ぱいするために、にらんだ。

(三四才ぐらいかっ)
ちびちゃんがむ小さいところ
かっこりと思うたって、何も
できませた。

三四才のびっくりだ、
やっぱりそうだっとっ
ことも

文章はできました
ところが、
ました...3 4 才という
感じ。

帰橋の木、に。

眠れない？

新
・眠れない。
どうして？

・不安・心ぱい
・家族とはなれて
　海ちゃん、お兄ちゃん

⑪

おじさんは先に、らっちゃい
ちびちゃんを助けようとしながら、
それほど深く根わないぶう
助けようとした、という
こと
今かんば

眠れまうから
たとえの人、すまいのむずかしい
誰も知っている人が——
どうう、不安、心ぱい

ちびちゃんはすぐにぐっすり
すれる。ちびちゃんはだれの人
すやすやねむりました。
どういうことびっくり。

どういうことなの、
・どっふむって、
ねむれる？

・海ちゃんは何才だろう？

54

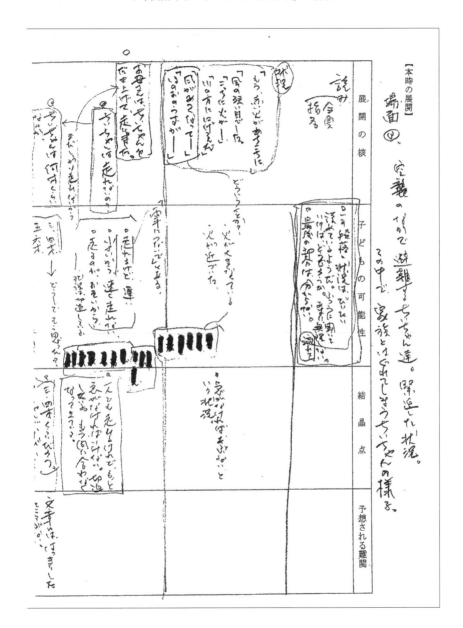

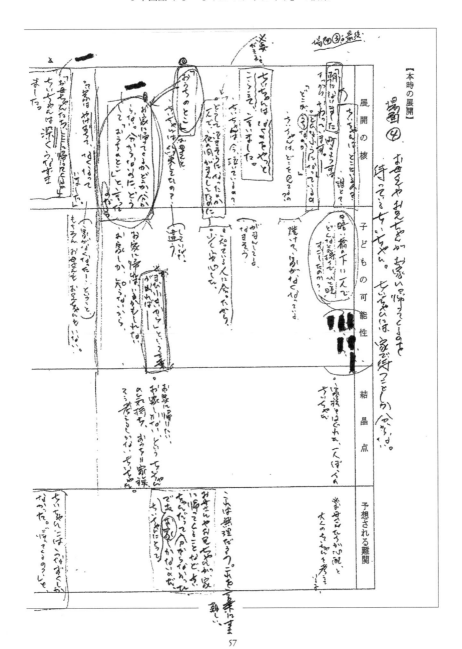

57

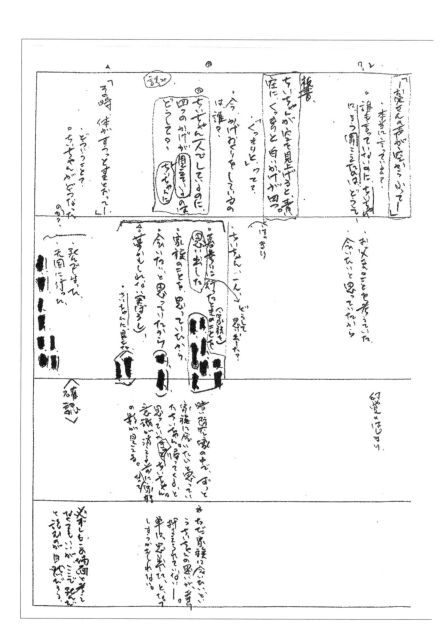

【本時の展開】

場面⑤

展開の核	子どもの可能性	結晶点	予想される難関

「光を調べよう」の授業

1，はじめに

　この記録は、授業研究の一つとして読んでいただきたい。教材に対する解釈の問題など、授業の記録としては足りないところがある。しかし、授業の中で、子どもたちは身近にある「光」のいろいろな現象に対して、不思議に思ったり、驚いたりしている。子どもたちが光という現象に対してとても楽しんでいるように見える。こんなふうに感じたり、受け止めたりするのだ、ということが私には新鮮な驚きだった。

　しかし、子どもが感じていたこと、表現していたことをもとに、授業として発展させていくことができなかった。そういう準備が、私の方になかったからだ。ただ、そういうことも授業の後の検討の中で分かってきたことだった。

　それでも、この授業を分析・検討していく中で、子どもというものの見かた、授業というものの考え方について、多くのことを考えさせられた。それは、私にとってとても大事なことだったと思っている。

2，教材について

【教科書の指導内容】
　○光が当たった時の物の見え方
　　——光を通しやすい物、通しにくい物、はね返す物

○鏡を使って物に光を当てる

　　──鏡は光を反射する

○光を当てた時の物の温まり方

　　──黒い物は温まりやすい

【教材について考えたこと】

　ここで扱っていること（光を通す物・通さない物・はね返す物、光が当たると温かくなることなど）は割合に日常的な経験で分かることが多いのではないか。ガラスが光を通すことや、光を通さない物は影ができることも、経験的に知っているだろう。鏡で日光を反射させることも初めてではないだろう。そういう意味では、そう興味を引く単元ではないかもしれない。

　しかし、光とは何か、なぜ物が見えるのか、ということを調べてみるとなかなか面白い。光の透過・吸収や反射・屈折といった性質。光が電磁波であること、物が見えるという現象のしくみや、光と色の関係も面白い。例えば、光を通す通さないということも、厳密に考えると難しい。透明な物が光を通すと考えがちだが、薄くすれば非金属は光を通す。金属は薄くしても光を通さない。屈折や反射、熱との関係など、なぜそういう現象が起こるのかを考えてみると面白そうだが、３年生には難しすぎるだろう。

【授業計画】

①「かがみ遊び（光当て遊び）」

　○鏡で日光を反射させて遊ぶ。日光のマト当て。

　　・光が反射すること。

　　・日陰では光は反射させられないこと。

・反射した光も直進すること。
　※かがみ遊びの中で気づいたことを書かせて、その中から反射や直進
　　という光の性質に関わるものを取り上げる。話し合いというふうに
　　はならないかもしれない。
②「光が当たると温まる」
　○光を集めたら、本当に温かくなるだろうか。
　　　・黒い物は温まりやすいこと。
　　　・反射する物は逆に温まりにくいこと。
　※日向も暖かいし、光が当たれば温まるというのは、そう難しくない。
　　実際に確かめるくらいだろうか。色と反射の関係は何か工夫できる
　　とよい。
③「虫めがね遊び」
　○虫めがねを使って遊ぶ。
　　　・光を集めると熱になる
　※虫めがねで物を焦がすという経験は、むしろ少ないかもしれない。
　　光が熱になることは分かりやすいのだが。
④「光を通す物、通さない物」
　○いろいろな物で調べる。
　　　コップ（ガラス、金属）、茶碗、かがみ、木、鉄板、
　　　アルミホイル、布、紙（白、黒）、セロファン、
　※経験的に知っているだろう。「薄くすれば光を通す」というのは無
　　理があるような気がする。むしろ、色の影ができることに興味を示
　　すかもしれない。

〈参考〉
『たのしくわかる理科の授業』（あゆみ出版）

――３年『光集め』の授業――

ア、鏡を使えば、目的の場所に光を当てることができる。

イ、数枚の鏡を使えば、光を集めて物の温度を上げることができる。

ウ、虫めがねを使うと、日光を集め、紙をこがすことができる。

エ、虫めがねで、月や、電灯の光も集めることができる。

オ、虫めがねで、景色を映すことができる。

3，授業のようす

【第１時】「かがみ遊び」

○グラウンドで鏡を使って光のマト当て

　授業の始まりのチャイムが鳴った。私は黙って日が射し込んでいる窓際に行き、その辺に置いておいた鏡を取って日光を天井に反射させてみる。授業が始まったのにと怪訝そうにしていた子どもたちも、天井にチラチラしている反射光に気がついたようだ。黙ってそのまま続けていると、「面白そう」という声が出る。そのまま私は、教室の後ろの棚に並んでいる粘土の作品にスポットのように順々に光を当てていく。もう子どもたちも笑いながら見ている。窓側の方では下じきを使って真似をしている子もいて、淡い反射の光がちらちら動いている。「やってみる？」と、初めて声をかけると、一斉に「やりたい！」と声が上がる。

　それから、用意しておいた鏡を配って外に出る。玄関を出て、私が校舎の壁に光を反射させると、すぐに同じようなことを始める。

　次はグラウンドへ移動して、画板に貼った画用紙をマトにした光当て遊び。地面に長い線を引いてそこから「光のマト当て」ということにする。体育館の前で私がマトを掲げると、一斉に光を反射させてくる。見ていると、やっぱり日陰の部分に入って来る子がいる。そして、やって

みてダメだと気がつくと何にも言わなくても日光が当たる場所へ移動している。

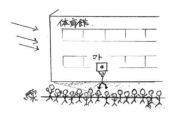

　その後少し自由にかがみ遊びをしていたのだが、外だと広すぎて自分の鏡に当たった光がどこに反射しているのか分からないという子がいる。鏡の向け方（反射のさせ方）が分からないようだ。まず自分の足下に反射させると分かりやすいと言うと、自分でやり始める。

　遊び方はいろいろ。高い所に行ってそこから反射させている子。地面に反射させて、それを使って鬼ごっこのようにしている子。鏡を鼻の下に平らに持って、鏡に写る空を見ながら「空中を歩いてるみたいだ」とフワフワ歩いている子。鏡を何枚か組み合わせてどう反射しているか覗いている子、など。

　15分くらいで教室に戻る予定だったが、楽しそうなのでそのまま休み時間まで続ける。教室に戻ってから、気がついたことや感想を紙に書かせた。光を反射させるだけなのに、こんなに楽しむとは思わなかった。教室に戻ってからも置いてある鏡で遊んでいるし、休み時間にも外へ持って行く子がいる。

（学級だより「ポプラ」第30号・第31号）

【第2時】「グラウンドの端まで届くか？」
○鏡に反射させた光が遠くまでいくことを確かめる。

　まず、前の時間に子どもに書かせた感想を載せた学級だより（「ポプラ」

第30号）を配り、読んでもらった。そして、日陰では光の反射ができ
ないことを確かめた。これはすぐ分かった。

　つぎに「ポプラ」第31号を配り、「光が遠くまで行く、と書いてあっ
たけれど、本当に遠くまで行くかな？　この鏡でやって本当に、グラウ
ンドの端から体育館の方まで届くと思う？」と訊いてみた。

　「だって、これ（配った学級だより）に書いてある」という声がする。「届
いたよ」と言っている子もいる。手を挙げてもらうと、届くという子が
3／4くらいもいる。届かないという子は、6、7人程。私としては少し
意外だった。届かないという子が多いのではないかと思っていたが、と
もかく外へ出る。

　まず、玄関を出たところで校舎の端からプール際まで光を反射させて
みる。もう、それだけで「すごい」と言っている。

　それから、「グラウンドの端から、これに光を当てて」と言って、私
が体育館の壁まで行ってマトの画用紙を用意する。さっそく鏡を持って
グラウンドの端まで走って行く子、それに、こちら側に来ていっしょに
マトを見ている子もいる。マトを持ち上げると、すぐに光を反射させて
くる。光を反射させるのが上手になっていて、マトには幾つも光が当た
っている。体育館の壁には私の影も映っている。グラウンドの対角線に
なる遊具の上から反射させてくる子もいる。

　そのうちに幾つも光が当たっているマトの画用紙に手を当てる子が出
てきた。そして、「あったかい」と言っている。これは面白いと思って、

その辺にいる 10 人くらいにもマトに光を当てるように言ってみる。そこへ代わる代わる手を出して、「あったかい」と言っている。

　教室に戻って、給食を準備している間に紙に感想を書いてもらう。読んでみるとなかなか面白い。やっぱりグラウンドの端から端まで届くかどうか、疑問だった子が結構いたのではないか、という気がする。届くはずだと思っても、「ほんとに届くかな？」という感じだったかもしれない。こんな単純なことでも、子どもにとっては驚きなのだろう。

　子どもは光遊びを面白がっている。感想を読んでも、そう思う。

（「ポプラ」第 36 号）

【第 3、4 時】光を集めたら？

　「みんな並んでいっせいに画用紙のマトに光を当てたら温かくなるだろう、それを触ってもらおう」と思っていた。しかし、グラウンドに行って始めたところで雲が出てきて中断。

　別の日にやり直し。玄関を出た所で、みんな並んでマトに光を反射させる。そこに手を出させて確かめさせた。やってみると確かに温かいのだが、それほどではない。時期も少し遅すぎる。それに、ずっと同じマトに光を当てているのはけっこう大変だし、厭きてくる作業だった（一人ずつマトに触らせていたので時間がかかった）。色による温度の違いに気がつけば面白いと思って、マトのまん中だけ白くしておいたが、とてもそこまではいかなかった。

　前の実験がどうもパッとしなかったので、光と熱ということをもう少しはっきりさせたかった。前の時に鏡を何枚か合わせるようにしていた子がいたので、鏡をまるくすると光が集まるという話をした。

　そして、傘の裏側全部にアルミホイルを貼り付けたものを用意して外に出た。その傘を太陽に向けて、手を入れさせてみた。今度は前よりは

温かいが、それでもまだ熱いというほどではなかった。光が熱になる、というふうに感じさせたかったのだが……。

　しかし、後で書いた感想を読むと、なかなか面白いものもあった。「アルミホイルがあたたかくない」ことを疑問に思っている子がいて、確かにその通りだと思った。光を反射してしまうアルミホイルは温かくならないのだ。これは次の実験につなげられる。

（「ポプラ」第37号）

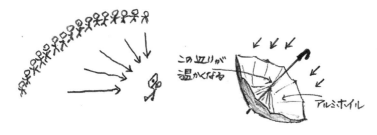

【第５時】「あたたまるのは　黒か　アルミホイルか？」

　学級だより（「ポプラ」第37号）を配り、まず読んでもらう。そのなかの、傘の実験のところでどこが温かかったのかを確認する。「柄の真ん中辺り」だというのは確かだった。そこに全部の光が反射して集まるということは、私が説明した。昔はもっと大きな凹面鏡を使って光を集め、その熱を利用して化学の実験をしたのだということも話した。

　それから、アルミホイルは本当に温かくないのか、確かめることにする。教科書通りの、「アルミホイル、白い布、黒い布」の３種類で温まり方を比べる実験。これは、はじめに教科書を見た時、なんだかつまらないなと思った実験だが、今なら意味があるだろう。実験の説明をしながら、私が布や温度計を貼り付けていくのを、子どもたちはじっと見ていた。しかし、実験を始めて少し経ったところで、雲が入って、また中断。

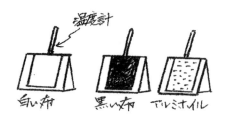

温度計

白い布　　黒い布　アルミホイル

【第6時】「前の実験（続き）」「虫メガネ遊び」

　快晴。実験の準備は前にしてあるので、すぐに始める。黒が温まりやすいというのは、知識として知っている子もいるだろう。しかし、一番ギラギラ輝いているアルミホイルが温かくならない、ということを実際に確かめるだけでも意味がある。

　実験の間、少し時間がかかる。子どもたちは、待っている間その辺でいろいろなことを始める。私もその辺に腰掛けて、ポケットに持っていった虫メガネと紙を取り出す。「何をするのだろう？」と近くの子どもが寄ってきた。そして、レンズの焦点を合わせた紙から煙が出るのを見て驚いている。すぐに騒ぎになって、みんな集まって来る。「うわぁ！」とか「やりたい！」とか賑やかになってきた。

　虫メガネは教室に予め準備しておいた。理科教材室には古くて小さい虫メガネが数個しかなかった。百円ショップで探すと、大きな使いやすいものが見つかった。店員にそれを40個都合してもらって買って来たのだ。

　教室からその虫メガネの箱を運んで来ると、引っ張り合いのようにして持って行く。紙も、白い画用紙をたくさん切って用意したが、その他に黒・赤・黄色など色画用紙も入れておいた。黒を選んで持って行く子もいるし、関係なしの子もいる。

　しかし、肝心の焦点の合わせ方が分からないのだ。初めて虫メガネに

さわるような感じだ。あっちでもこっちでも何か話し合っていたり、私のやるのを見に来たり、それでもなかなかうまくできない。私の所に来て並んでいる子に「まず、円になるように光を当てて、その円を小さい点にすると――」と教えると、「分かった！」と言ってまた走って行く。

そのうちに、しゃがみこんだまま子どもたちは動かなくなってきた。「おおっ！」とか「できた！」とか言っていた声もしなくなった。教材園の縁石や草の上のあちこちに、日だまりの猫のようにじいっとしている。なんだか不思議な光景だ。とくに何かを考えているわけでもないだろうけれど、集中していて静かだ。チャイムが鳴り休み時間になってもかまわない。グラウンドで遊ぶ賑やかな声がまるで聞こえないように、虫メガネの世界に没入している。

実験していたアルミホイルや黒い布のことも、どこかに吹っ飛んでしまったようだ。虫メガネで紙を焦がしたことしか残らないのではないかと思うほど、子どもたちは夢中になっていた。

休み時間の終わりに、布とアルミホイルの温度を確かめて教室に戻った。

（「ポプラ」第40号）

【第７時】 光を通すもの、通さないもの。

学級だより（「ポプラ」第40号）を配って、前の実験（黒い布とアルミホイル）のことを確かめる。虫メガネについても説明した。

その後、光を通すもの、通さないものの実験。これは準備したものが割合に身近なものが多かったせいか、日常の経験から子どもたちもほぼ分かっていたようだった。好奇心や関心を引き起こすほどの十分な準備ができず、それ以上には深められなかった。

10月23日(火)

3年 組学級だより

ポプラ

第30号

理科の学習
『光を調べよう』1

かがみを使って「光当てあそび」をしました

グラウンドでかがみを使って、太陽の光をいろいろなものに当ててみました。光は、かがみからいろんなところにとんでいきました。

【気がついたこと・思ったこと】

○かげでやってみたら、はんしゃが出なくて、太陽にむけてやってみたらはんしゃした。どうしてかな？　ふしぎー。（　　）

○日なたじゃないと、光ができない。かがみを動かしたら、はんしゃした光も動く。（　　）

○どうしてかがみを持ってかげに当てたら、光ができるんだろう。かげのところで光を作ろうと思っても、光はできなかった。（　　）

○太陽にかがみを当てたら光が出てくる。日かげのところに行ったら光が出ない。（　　）

○なんで、かがみを土とかに当てると光るんだ！　光は、日かげのほうが目立つ。（　　）

○日かげだとかがみのかげ（光）はうつって、日なただと見えなくなる。（　　）

> 日なたじゃないと、
> 　　かがみでやっても　光は出てこない！

○かがみはすっごーくまぶしいし、太陽もまぶしいです。二つとも光でまぶしいけど、かがみはガラスです。ガラスは太陽に当たって、光って見えます（だと思います！）。とってもおもしろかったです！　わたしは、さいしょ寒かったけど、むちゅうになってて暑くなってしまいました。（　　）

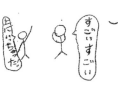

3年　組学級だより
ポプラ 第31号

理科の学習
『光を調べよう』2

光がどこまで上るか？

かがみを使って「光当てあそび」をしました

○光を「カガミ」に当てると、どこまでもどこまでも、光は遠くに行った。（　　：）

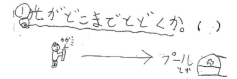

①光がどこまでとどくか。（　）

○光のはんしゃで、遠くまではんしゃできると思いませんでした。ぼくが、畑にいて光をはんしゃして、体育かんにとどくかなと思いました。はんしゃしてみたら、体育かんにとどきました。うれしかったです。（　）

問題 --------------------------------

かがみの光は、ほんとに　遠くまでとどく？

グラウンドのはじっこまで、とどくかな？

【やってみたこと・気がついたこと】

○地面にかがみをおいたら、のびたりさがったりしました。光の形がたてとかよこにいった。（　　）

○地面にかがみをおくと、**手がのびていくみたいになった。**
（　　）

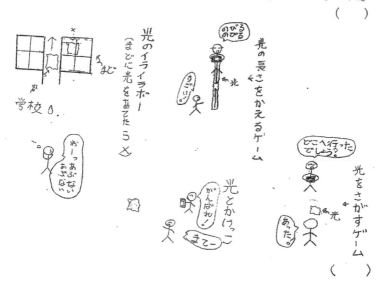

○かがみを地面において太陽の方にむけると、さいしょはゆっくり地面の上を光が動いて、どんどんうしろにむけると光のスピードがすごくはやくなりました。（　　）

○かがみを鼻の下に当てると、空を歩いているように思いました。
（　　）

………　光で遊ぶとおもしろいね！　………

理科の学習『光を調べよう』（3）

問題 ┆ かがみの光はグラウンドのはじっこまでとどくか？

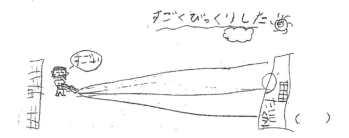

○光は本当に体育館までとどいた。体育館まではとどか
　ないとばかり思っていた。（　　）

○光はすごい！　光はいくら遠い所でもとどく。
　遠い所からやるとまるくなる。（　　）

○かがみは田上さんの言うとおりだった。遠い所から，体育かん
　までとどいた。すごくおもしろかった。（　　）
○さいしょはとどくと言っていたけど，とちゅうまで行ってとど
　かないかもしれないと心配になってきた。でも，体育館までと
　どいたので，よかったと思った。（　　）
○畑のところから体育かんまでとどくとは，思いませんでした。（
　　）
○光に当てれば遠くまでいくなんて，知らなかった。なんでかが
　みは光に当てれば遠くまでいくんだろうか？　（　　）

※　光は、本当にグラウンドのはじっこまで届きまし
　た。かがみに当たっただけなのに、ずいぶん遠く
　まで行きました。

74

第36号　10月31日(水)　

【ほかに気がついたこと】

○かがみに日光を当て、もう1つの
　かがみにはんしゃさせたら、けっ
　こう遠くまで行った。（　　）

○スコップとかが入っている所のまどに光をうつしてみると、前
　の方と後ろの方のまどをそのままとおっていた。（　　）

○**光が集まっているところに手をやったら、あったかかった。**
「すごいな～」と思った。（　　）
○みんなで黒い画用紙に光を当ててみたら、すごくあったかかっ
た。（　　）
○光をいっぱい当てて黒いマトをさわったら、あったかかった。（
　）

光は、あったかい？

　光をたくさん集めると、画用紙があたたかくなったようです。
ほんとかな？

問題　┌─────────────────────────────┐
　　　┊　みんなの光をマトに当てると、あたたかくなる？　┊
　　　└─────────────────────────────┘

　　　　　この前は、とちゅうで雲が出てきて、しっぱい！

○わたしは、なんで光はあたたまるのかなぁ、と思っていました。
光はやっぱり太陽の子どもみたいな物だから、あたた
かくなるのかなぁ。光について、わたしはもっと知りたいで
す。（　　）

理科の学習
『光を調べよう』（4）

第37号

3年●組学級だより
ポプラ

┌─────────────────┐
│ みんなの光を   │
│ 集めると？   │
└─────────────────┘

《やってみたこと》光を当てて あたたかいか
しらべた
（　　）

○1つのところに光を
当てると、その当て
た場所があったかく
なった。（　　　）

○光をいっぱい当てないと、あったかくはならない。あったかい
所とつめたい所があった。つめたい所は、光を当ててない所だ
と思う。（　　）

○はんしゃした光がマトみたいな所に当たると、みんなが当てて
いるから、あったかかった。はんしゃした光は、太陽と同じな
のかな～？、と思った。（　　）

○手をマトにおいている人が「あったかいよ！」と言っていた。
なんで、あったかいんだろう？　光が集まってあったかいのは、
わかるけど・・・ふしぎでした。（　　）

○どうしてアルミホイルはくであたたまるんだろう？　教科書に
は一番あたたまるのは、黒いぬのだと書いてあった。もしかし
たら、かさの色が黒だったからかもしれない。私にはよくわか
りません。（　　）

76

もう１つやってみました！

《やってみたこと》
かさの中に、銀紙をテープではって
日光にあてて中心がどれぐらい暖かいか
（　　　）

○かさにつけてるアルミホ
イルで、黒いばしょをさ
わったら、あつかったです。
（　　　）

○銀紙の所をさわってみたら、あつく
て気持ちよかった。それに、すごー
くまぶしかった。（　　　）

○黒いかさに銀紙をはって、さわってみたら、あまりあたたかく
なかった。かさのとっ手の上の所しかあたたかくなかった。**な
んで、銀紙の所はあたたかくなくて、とっ手の上
の所しかあたたかくならないのか**、わからない。（　　）

あったかった
上がりません
←しいちばんあったかった
ところ
アルミホ
イルみたいな
もの。
あまりあった
かくない。

○**一番あったかかったところは、
かさの黒い部分があったかかっ
た。アルミの所はあまりあった
かくないとわかった。**（　　　）

アルミの所はあったかくないの？

だれか、さわってみた人いるかな？

○私には、**太陽とアルミがたたかっている**ように見えま
した。（　　　）

※なるほど、これはおもしろいね！！

クイズ　太陽の光となかよしなのは？
　　　ア，水　　　　　イ，黒い紙　　　　ウ，銀紙

理科の学習
『光を調べよう』（5）

実験

```
┌─────────────────────┐
│ アルミホイルは      │
│   あったまらない？  │
└─────────────────────┘
```

《やってみたこと》

☆アルミホイルの方があついと
思ってたのに、1番温度がひ
くかった。次に白いぬのだった。
（　）

☆温度計で計ってみたら、**アルミは１９度**だったけど、白いぬの
は２２度でした。だけど、**黒いぬのは３９度**でした。黒いぬの
はすごい！　一番温度が高いのはアルミだと思った。（　）

☆アルミの方があたたかいと思っていたけど、黒ぬのの方があたた
かった。でも、なぜ日光が当たるとあたたかくなるの？（　）

```
┌──────────────────────────────────────────┐
│ 一番あたたかくなったのは、黒いぬの！     │
│ アルミは、本当にあたたまりませんでした。 │
│             でも、どうしてかな……？      │
└──────────────────────────────────────────┘
```

☆アルミホイルは光をはね返すから、あんまりあったまらないのか
なぁ？（　）

☆**黒は、ねつを集めるやくめをしている**んだなぁ、と思っ
た。（　）

　　　　「黒は、ねつを集める」これは、よく気がついたね！

この実験は時間がかかったので、
その間に………

「虫メガネ」登場！

☆虫メガネは、すごくおもしろい。
（　　　）

☆虫メガネで、黒い紙をつかって、紙に
あなをあけます。それで、わたしは、
びっくりしました。（　　　）

☆さいしょ黒い紙でやりました。黒い紙はけっこうもえやすかった。
次に白い紙でやりました。でも、もえにくかったです。なんで、
黒い紙はもえやすいのに、白い紙はもえにくいのか。（　　　）

☆太陽の光を虫メガネに当てて、黒い紙にその光を当てるとこげて、
そのままもうちょっとやってみると火がつきそうになりました。び
っくりしました。そんなになるとは思いませんでした。（　　　）

☆虫メガネを近づけると丸いはばが大きくなった。**大きくした方
が早くもえると思ったけど、小さい方がもえた。１つに
集中するから、小さい丸にした方がいいのかな。**（　　）

☆火がもえた。びっくりした。なんで**紙に光がくっついたら、
もえる**のかなー？（　　　）

> 「紙に光がくっつく」というのは、すごい！
> 　　　　どういうことか、わかるかな？

☆色紙がもえている時、太陽の光みたいなのが見えました。それを
見て何かなぁ〜と思っていました。（　　　）
　　　　　　※けむりの中に見えたものは何だろう？。

4，授業について

　子どもたちは、「かがみ遊び」や「光遊び」をとても楽しんでいた。「日陰では光は反射できない」とか「反射した光は遠くまでいく」という当たり前のようなことにも、驚いたり不思議がったりしていた。それは、私が授業前に考えていたよりもずっと大きいものだった。虫メガネに夢中になっている姿も忘れられない。

　また、子どもたちが書いた感想にも面白いものが多かった。こんなふうに子どもたちは考えたり感じたりするのだ、と思うことが多かった。

　それでも、こういう現象面だけをやっていてよいのだろうか、遊びのように楽しんでいるのだけれど、理科の授業としてこれでよいのだろうか、現象の仕組みや理由を考えなければならないのではないか、そういう気持ちもあった。それで、なにかモヤモヤとした感じが残っていた。

　そのモヤモヤは、この記録の検討の中で次のような指摘を聞いた時に、原因が分かったように思った。

　——本来ならば教師がいろいろ子どもの予測をして、こういうことが出てくるだろうとか、それが出てきたらこんなふうに発展させてみようとか——。いくつかは、そういうふうにすべきだったと思う。それは可能なはずだと思う。

　——そのためにはやっぱり、事前の教材研究をどれだけやっているか、教師が教材とどれだけ深く向き合っているかということが大事で、それでできるかどうかが決まってくることなんだ。

　——自分が何冊も本を読んで、何十時間もかけてやっと分かったこと、気がついたようなことを、子どもがサッと言ってしまうっていう、

驚き。子どもに対するそういう驚きとか感動とか、そういうものが
授業のもとになっている。

　もう少し私自身が光という現象に直に向き合うような教材研究でなけ
ればならなかったのだろう。私の教材研究は、光という現象の本質を自
分自身が探っていくような、その不思議さに迫っていくようなものでは
なかった。自分が「光」に驚きながら教材研究をしたり、授業を考えた
りはしていなかった。本で読み調べたことをもとに（その時には確かに
面白いと思ったはずだが）、光の科学的な仕組みや概念を理解させるに
はどうしたらよいか、というふうに考えていた。
　また、子どもがどういう反応を示すだろうかと考えるのでもなかった。
どうしたら光という現象を子どもが考えやすいだろうか、どんな実験が
分かりやすいだろうかという、言わば「光の説明」を考えていたように
思う。ただ、それも３年生には難しいと感じていた。
　子どもの反応や感想をただ面白いと見ているのではなく、子どもの驚
きや表現の奥にあるものをもっと鋭敏に感じ取れるようでなければなら
なかったのだろう。
　いま考えてみても、子どもが感じたことをもとに発展させられそうな
場面はいくつもあったように思う。

◇光の直進性
　反射した光がグラウンドの端までたしかに届くことに、子どもたちは
驚いていた。そのことに私も満足していた。だが、グラウンドの端では
全然足りなかった。もっともっと遙かな先まで真っ直ぐに進むことを知
ったら（それが事実であるし）、光に対する驚きや不思議さももっと大
きくなっただろう。そういうことが光に対する概念を新しくしていくの

だろうと思う。

　実験した次の朝、「あのね、光って月まで届くんだって！　お父さんが言ってた！」と感心したように言いに来た子がいた。そうなのだ、月の光はまさに「反射した光」なのだ。しかし、鏡でもない月がなぜあれほど遠くから光をきれいに反射するのだろう？

◇光の反射

　「太陽とアルミがたたかっているように」という感想。

　傘の裏に貼り付けたアルミホイルに反射する光はたしかにギラギラしている。太陽から発した電磁波である光は，真っ直ぐアルミホイルに当たる。そして、アルミニウム原子の電子を振動させる。しかし自由に動き回る金属の電子はその振動エネルギーを内部に伝えず反射してしまう。電磁波の波もそれ以上には侵入できない。アルミニウムが電子波の侵入を拒絶している。そう考えると「たたかっている」という言葉も活かせたのではないか。例えば、「どこで、たたかっているの？」「たたかうって、光がどうなっていること？」と訊いたら？　それをみんなで話し合えば、光の反射をイメージとしてもう少しはっきりできたかもしれない。

◇光の吸収と熱

　「紙に光がくっついたら、もえる」という感想。

　虫メガネの焦点を合わせると紙が焦げることを言っている。「光がくっつく」とはどういうことか、次の時間に訊いてみたが、その子もうまく説明ができなかった。私にも用意がなかった。黒板に光を表す粒を書いて、それが黒い紙にくっつく、そうすると紙が焦げる。黒い紙はくっつきやすい、ガラスだと通り抜けてしまう、そのくらいの話しかできなかった。

　光を波と考えることは難しくても、光がぶつかったときに何かエネルギーのようなものが移る。あるいは黒い物は光の熱が移りやすい（くっつきやすい）というくらいまで、つまり光をエネルギー・熱の元として考えることはできたかもしれない。

　光というものの本質へつながるような手掛かりは子どもがいくつも出していた。私にそういう準備があれば、子どもの表現からそれを感じ取ってつなげたり発展させたりすることができたのだろう。

＊　　＊　　＊

　もう一つ、ずっと印象に残っていることがある。虫メガネに没入していた子どもたちの姿だ。

　あの時、じっと虫メガネと画用紙を見つめながら、子どもたちは何を考えていたのだろうか。「なぜ画用紙が焦げるのか？」そんなことを考えていたのではないだろう。多分、何か考えているということではなかっただろう、と思う。

　では、ただ画用紙を焦がしていただけだったのかと言うと、そうでもないという気がしている。私には、その光景はとても印象的なものだったし、何か不思議な感じがするほど、しずかな集中したものだった。なにか知的な、しずかな好奇心、というふうでもあった。すぐ隣のグラウンドではもう休み時間になって賑やかに遊んでいるのに、まったく別の世界というほどに集中した、そしてなにか満ち足りたような時間。これは、どういうことなのだろう。

　何かに没頭している、無心になっている、というような——。目の前の事象に全身で向き合っているような状態。見ていて心が洗われるような気もしたのだが、こういう時間というのは、子どもの内側にも何かが蓄積されていくものなのではないか。そういう時間、そういう経験は、

子どもにとってとても大事なことなのではないか、そういう気がしている。

【研究会での指摘】

　この授業を検討していただいた時の記録である。私がレジュメをもとに授業について報告したのだが、分かりにくいものになってしまった。その後に長い時間をかけて検討された。箱石先生の指摘は、この授業の課題・問題点だけでなく、授業論としても大事な問題が含まれているので、少し長くなるが記録をそのまま載せておきたい。

＊　＊　＊

【検討の記録】

　まず、報告の話がちょっと分かりにくかったね。子どもが面白がっている様子を、もっと具体的にきちんと言った方がいいね。「面白がっている」と言っているけれど、どういうふうに面白がっているのか、それはどういう意味があるのかということを——レジュメに書いてあるのだろうけれど——、話としても、もっときちんと、端的に明快に、伝わるように話してほしいね。

　これ（レジュメ）は、ていねいに読むときっと面白いことがいっぱい出ていると思うんだ。そのことを、河野さん自身がどれだけ掴んでいるかということなんだね。

　「子どもが何か大事なことを言っているし、面白がっているのが大事なことだと感じている」ということは分かった。だけど、それを授業者の立場として、「これはどういう意味なんだろう」「どんなふうに発展していく考え方なんだろう」とか、「光の本質にどういうふうに繋がっていくんだろう」というふうに、もっともっと具体的に明らかにした方がいいんじゃない？　みんな、すごく重要なことを言っているでしょう。

　それから、「当たり前のこと」とか「ただ遊んでいる」とか、そういう発想の仕方はまずいね。子どもにとっては、決してそうではないでしょう。子どもたちがどんな問題と対面して、どんなふうに沸き立っているのかっていうことが、教師に見えていないということじゃないかな。「ただ遊んでる」とか「当たり前」ということではないと思いますよ。

　しかも、ここで実際にやっていることは、子どもにとってすごく本質的なことじゃない？　子どもが今まで持っている「光」という概念から一歩踏み出して、いろんなことをやりながら「光」というものに向かって具体的に探究を始めたわけだね。そのドラマが面白いのであって、しかもそれが授業なのであって、それを「遊んでる」「当たり前」というふうに言うこと自体が、何か違うと思うんだよね。

　そういう意味では、河野さんの教材研究がまだ概念的なレヴェルなんだと思う。菊次さんとかがやると、教材研究をやりながら、本当に自分も分からなくなったりするわけでしょう。本当に不思議だなと思って調べる。だから、子どもがちょっとしたことを言うと、「いやあ、本当にそうだよなあ」って面白がるわけだよね。菊次さんとか伊藤真さんたちとは、そういう違いがあるんじゃないかな。

　だから、札幌の会の検討の言葉で言えば、「現象だけでいい」っていうことじゃないね。遊びの中に探究があるんだ、そうでないと子どもたちが探究できないんだ。ここでやっていることは、本当に自分の全身でその不思議さを受け止めたり——頭の中で概念的に操作するのではなくて——、自分でいろいろなことをやりながら、その不思議さに全身で出会うっていうことでしょう。そういう場を設定したということなんだ。そういうふうに考えないといけないわけでしょう。それは、やっぱり単なる遊びではないんじゃないですか。「遊び」って言ってはいけないんじゃないかな。

それが、この子たちにもっとも本質的な勉強だと考えなきゃいけない
わけでしょう。子どもたちにとってもっとも必要なこと、そういう形で
自分の心身や感覚を駆使しながら探究を始める、そういう場を設定して
いるっていうことなんだ。

　しかも、ここで、子どもたちがぶつかっている問題は、けっして「現
象」だけじゃないでしょう。現象を越えていると思うよ。「現象」とい
う言葉でもいいんだけれども、現象の中に本質に発展する非常に重要な
発見がうんと含まれているわけでしょう。

　だから、言葉にすると「現象」というのでは、まだ言い足りない部分
があるのだろうね。現象と本質とがあって、本質じゃない現象だという
ふうに普通使うわけだから――。そうじゃなくて、この場合は、本質と
くっついた現象なんだ。だから、現象だけで本質はどうでもいいという
ことではない。そういうことだね。

　ここに、まさに本質の入り口がある。子どもにとって非常に具体的な
探究の入り口がある。この授業ではそこまでは実現していると、そうい
うふうに考えないといけないんじゃないですか。

　それともう一つは、こういうふうに子どもたちが出してきたものを、
もっともっと発展させられないだろうか、というふうに考えた方がいい。

　本来ならば教師がいろいろ子どもの予測をして、こういうことが出て
くるだろうとか、それが出てきたらこんなふうに発展させてみようとか
――。いくつかは、そういうふうにすべきだったと思う。それは可能な
はずだと思う。

　そのためにはやっぱり、事前の教材研究をどれだけやっているか、教
師が教材とどれだけ深く向き合っているかということが大事で、それで
できるかどうかが決まってくることなんだ。

　この間の本にもきちんと書いてあるでしょう。子どもの発言を大事に

しようと思って教材研究をやったわけじゃないって。そうじゃなくて、「自分が面白かったんだ。だから、子どもの言っていることがものすごくよく分かったんだ」と——。

　それを、技術論的に理念的に、子どもと視線を共にするとか、共有するとか、子どもの気持ちになって感動するとか、そういうことでできるはずがないんだね。やっぱり自分がすごく不思議だったから、子どもも同じことを言っているんだっていう、なんてすごいんだろうって、そういう感動だね。「ああ、その通りだよな。先生だって、そう思うよ。あなたの言ってるのはすごいことだよ」っていう感動があるから、それは子どもに伝わるわけですよ。やっぱり、それが基本じゃないですか。

　自分が何冊も本を読んで、何十時間もかけてやっと分かったこと、気がついたようなことを、子どもがサッと言ってしまうっていう、その驚き。子どもに対するそういう驚きとか感動とか、そういうものが授業のもとになっているんだ。

　自分も分からなかったことが、どうして子どもはこんなふうにあっさりと気がついてしまうんだろう、その驚きでしょう。菊次さんや伊藤真さんの言っていることは、みんなそういう驚きなんだ。だから、その発言を大事にする、それを生かそうとする。子どもに共感し、感動できるから、それが子どもにパッと伝わっていくわけだよね。

　（「ポプラ」を読みながら）それで、こういうふうに子どもたちが動いて何か捉えて、それを表現し始めるという、その条件設定をするということが授業ですからね。その出してきたものを、どう活かして発展させていくかということが、教師に問われているわけだから——。出てきたものをどういうふうに使って、さらに発展させていくかということを、やっぱり教師は考えておかなければならない。

「太陽とたたかっている」というのも、その言葉の面白さだけで終わらないで、もっと明確に活かしてやれるようなことを考えなければ──。これだと、まだ曖昧じゃないですか。

　「紙に光がくっついたら燃える」って、こういうのも──なんていうかな、いわば子ども的な表現に──、ただ面白がっているとダメだね。それでは曖昧になるんです。「紙に光がくっついたら燃える」というのは、どういうことなんだろうかと、そこを取り出してもっと明確にしてやる。

　ただ、こういう実感的な言葉が出てくるというのは、とてもいい授業だということです。つまり、まるごと自分の言葉で表現しているということですからね。本気になって自分で考えてるということです。これはやっぱり、その子の固有の言葉、○○ちゃんの言葉なんだよね。こういう言葉で自分を表現しているわけだね。

　こういう言葉が出てくるということは、とってもいいことなんだ。子どもが動いてる、探究しているっていうことだね。授業に参加して、土俵の上に乗って、自分の気持ちも頭もはたらかせて、追求しているということなんだ。

　だから、こういうふうに、子どもが動き出すような授業ができたということ自体は、すごく大事なことだ。なぜこういうふうにできたのかということも、もっときちんと書くべきだね。ここまで行くのも大変なことなんだ。教師の授業観が違っていると、ここまで行かないんだから──。そして、こういう授業がたまたまできたというんじゃなくて、日常的にできるようにならなきゃダメなんだね。

「うしろ回り」の取り組み

1，経過

　「うしろ回り」は、マットに座って（しゃがんで）背中の方からうし
ろに回るマット運動。これは一年生後半の取り組みである。この「うし
ろ回り」の前に、「ふんすい・えび（肩支持倒立)」という技をやってき
ている。

　まず、初めの姿勢について次のように話をした。
　　・背中を丸く、卵のように。
　　・両手を耳の横に、肘を開けすぎない。
　そして、マットにお尻をつけずに、しゃがんだ状態からやってみる。
補助せずに自分で後ろに回れた子は１／３くらい。勢いをつけて回った
り、体勢が崩れながら足を振って起き上がったり、力が入っている感じ
がする。起き上がる時に、手はほとんど使っていない。
　この時に、身体の力を抜いてスムーズに回れていた子は５人。この子
たちは、マットにお尻をつけた状態からやっても回れる。体が柔らかい
のだろうか。姿勢が多少崩れても回ることができた。
　回り始めて背中がマットについた後、流れが止まってしまって回り切
れない子が多い。また、左右に傾いて横に倒れてしまう子がいる。

　回れない原因──

・回り始めると背中が真っ直ぐになる（背中が伸びてしまう）
・膝が胸から離れてしまう
・起き上がる時に手を使えていない

　背中が伸びてしまうのは、身体を後ろの方に倒していくことに不安があるのかもしれない。それで、「ゆりかご」をやってみる。膝を曲げ足の前で手を組んでから、胸と膝が離れないように後ろに回る練習。肩の上に身体が乗るくらいに大きく回れるように何度か繰り返す。

　これまでの経験では、うまく回れない子は背中がマットに着いたときに、（背中が伸びて）膝が胸から離れてしまうことが多かった。だから、膝が胸から離れないように、ということをいつも意識していた。

　ところが、参考資料を読んでいると、「膝と胸のあいだを開けるとよい」ということが書いてあった。はじめは、その意味が分からなかったが、実際に頭を下げて身体を丸くしてみるとすぐに納得できた。膝の近くに来るのは額か鼻になるのだ。鼻が膝とくっつくくらいになる。そうしなければ背中が丸くならない。胸を膝に近づけようとすると、逆に背

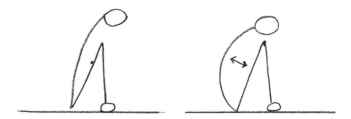

中がまっすぐになってしまう。むしろ、胸と膝の間をあけるようにして、背中を丸めなければいけない。

　膝を胸から離さないように回るのではなくて、身体を丸くしたまま回ることができればいいのだ。その始めの形をきちんとつくることが大事

なのだった。

　おなかをへこませるようにして、そこに「ボールが入るように」「大きな卵を抱くように」ということを、黒板に図を描きながら子どもたちに話した。こうした方が、ずっと背中は丸くなった。

　また、起き上がるときにマットを押す手がうまく使えていないので、耳の横あたりに来ていた両手を首の横くらいまで入れるように言った。肘がだいぶ上がってしまうのだが、それでもこの方がマットに手を着きやすいはずだ。肘が開かなければ、腕が少し上がっても大丈夫なのではないか、と考えた。

　もう一つ、子どもの様子を見ていると、身体に力が入っているような感じが強かった。しっかり回ろうという気持ちが、そうさせてしまうのかもしれない。とくに肩に力が入ってしまう子が多い。それで身体を固くしてしまって、スムーズに回れなくなっている。

　私が両手を肩に置いて、肩の力を抜くように言う。「身体の力を抜く」というのは、意外に難しいことかもしれない。呼吸を整えるようにして自然に力を抜くようにした。

　こうしたことで、うまく回れなかったり不安定だったりした子たちが、かなり安定して回れるようになった。それほど多くの時間はかからなかった。

　うまく回れない子は個々に違いがあった。個人差というより個々の癖のような感じだ。身体全体のバランスが取りにくい子、どちらかの肩が上がってしまう子、回るときに腕が下がっていく子。これらは個別に直していく必要がある。手で触ってそこに意識が行くようにする。そうすることで覚えていく。

　「うしろ回り」がうまく回れない原因の一つに、首の固さということがある。首に力が入ってしまって、固くしてしまう。それで、首がブレ

ーキをかけるようになって、うまく回れないことが多い。しかし、今回はそういうことがほとんどなかった。これは、先に「ふんすい・えび」という技をやっていたからだろう。「ゆりかご」を何度か練習して回る感覚をつかんでいくと、それだけで後ろに回っていくことができた。

　子どもたちも身体をうしろに回転させることが楽しいらしく、10分とか15分とかあれば、すぐに準備をしてやっていた。休み時間に、教室のうしろに簡易マットを敷いてやっている子もいる。その様子を見ていると面白い。「肩、下げて」とか「手をもうちょっと、こう」とか、私が言っていたことを真似るように、周りにいる子たちが言っている。それで遊びのように楽しんでいる。

　この頃には、もうマットにお尻を下ろしても（勢いをつけずに）回れるようになっていた。私が考えていた「うしろ回り」になったように思って、研究会で見てもらうことにした。

【検討での指摘】
ア、起き上がるときの足の着き方。膝を伸ばさずに、できるだけ小さくした方がよい。

　足の着き方について、私はあまり意識していなかった。足をどう着いて立ち上がるかというイメージがなかった。膝を少し曲げたまま足を着けて立ち上がる子もいるし、回ったあとに膝をスッと伸ばして（体操選手がするように）立ち上がる子もいた。立ち上がりやすくするために自然に膝が伸びていく感じの子が多かったと思う。

　しかし、「うしろ回り」は重心を後ろに移動させることによって回る技なのだから、膝は曲げたままできるだけ小さく回った方がよいのではないか。（あおるように）膝を伸ばせば、重心の移動が加速されて簡単に回ってしまうことになる、ということだった。足のつき方について、

もう少し知りたいと思って資料を探してみたが、分かりやすく書かれたものは見つからなかった。

　膝を伸ばすときにどうしても少しあおるような感じで力が入ったり、流れが止まったりする感じがあったのだが、膝を曲げたまま立ち上がるようにしてみると、そういう感じはなくなってきた。

　そして、つま先をマットにつけるとき、足先に気持ちを入れるように、ていねいに着くように話した。そうすると、足先がついて立ち上がる動作に自然な流れが出てきて、とてもきれいに見える子が出てきた。そこに気持ちが集中するような感じが出てきた。

イ、もっと脇を締めてコンパクトにできるのではないか。

　それまでは肘を少し上げさせて、手が耳のうしろにくるくらいの姿勢から回っていた。その方が回ったときに手がマットに着きやすくなるだろうと考えたのだが、もっと脇を締めてもできるのではないか、ということ。

　上げていた肘を下げて脇を締め、手が肩にくるくらいにしてみた。それでも、ほとんどの子はすぐできるようになった。もう、手でマットを押すタイミングが分かってきていたのだろう。この時点ではもう肘を上げる必要がなかったのかもしれない。

　少し目立っていた肘を下げて脇を締めると、背中もいくらか丸くなり全体に卵型に近い姿勢になった。顔も、いくらか膝の間に挟むような感じにした。これが、本来の「うしろ回り」の姿勢かもしれない。

　また、回り始めるときの足の離れ方にも気をつけるようにした。身体を後ろに倒しながら足をそっと離していくのだが、かかとが離れ、つま先を引きつけながら回っていく感じ。足指が最後に離れていくくらい。これは重心の移動だけでゆっくり回り始めなければできないのだが、そ

の時に気持ちを集中させているのがよく分かった。

＊　＊　＊

　こうしてほしいという注文を出すと、子どもたちの吸収は早かった。もちろん、全員が同じようにできるわけではないが、みな精一杯やっているのは分かった。私はもう何も言うことがなかったし、これでよいのではないかと思った。子どもたちも、上手に回れることに満足していたように思う。ビデオに撮って、研究会で見ていただいた。

【箱石先生のコメント】

○(VTRの感想を参加者が述べた後に)――だから、技術的な面でどうかということと、子どもの姿から受ける印象がどうかという二つのことがあるわけだけれど、パッと見たときに、まず「ああ、きれいだな」「美しいな」と思うでしょう。余分なものが取れて、輪郭が鮮明に見える――斎藤喜博がよく「毛羽がとれてる」って言い方をしていたのだけれど――、そういう印象を受けるでしょう。

　技術的にはまだこうしたいとか、十分にできていない子もいるわけだけれど、そういうものを越えてもっと教育的な大事なものがある。まず、そういうところを見るということだね。

○集中とリズム的な流れの美しさがある。柔らかくて、無駄がない。力みがないでしょう。だから、リズム的な流れが生まれてくる。(映像を見ながら)あの、後ろに回る時にスピードが加速されるでしょう。ああいうところが、メリハリがあって流れがあるわけです。子どもによってそれぞれ微妙に違うわけだけれど――。瑞穂小のビデオを見るときでも気をつけて見ると、集中とかリズム感とか、みなそういうものを持っている。だから、子どもの姿が鮮明に見えるわけです。

○それで、何故こういうことができたのだろうかと分析しなければ
いけない。一学期には何をやってきたのか、二学期はどうか。ど
こでどういう指導をしてここまできたのか、ということが分析さ
れて研究になっていく。そのプロセスとか原則とかを取り出して
いくことが大事だ。

2，取り組みながら考えたこと

ア、教材を把握すること

　私は、技の出来具合いで──上手にできているかどうかで──、子ど
もを見てしまう傾向があった。どのくらい上手に技ができているかに関
心が行ってしまいがちだった。それで、できているかどうかを見るので
なく、子どもがどう向かっているか、子どもの様子を見るように意識し
ていた。

　ただ、技術的なことも必要だという気持ちはやはりある。算数なら問
題を解けるようになりたいだろうし、絵なら満足できる作品を描きたい
だろう。体育でもやっぱり子どもはできるようになりたいだろうと思う。
そのために教師は努力しなければならないのだろう。

　　・技の出来具合いだけで子どもを見ないこと。

　　・子どもができるように教師が努力すること。

　この２つは矛盾することではないと思う。両方が必要なのだろう。そ
のために教材の解釈が必要であり、子どもを見る目が必要なのだと思う。

　技に対するはっきりしたイメージを持つこと、これがどうしても必要
だと思った。国語や算数でいえば、まずはっきりした教材解釈なりねら
いなりがあり、そこから「では、どうしようか」という手順や手立てを
考えるはずなのだから──。

体育でも、明確なイメージや解釈が必要なのだ。そこが曖昧であれば、手立てや方法も曖昧になってしまう。その時の子どもに何が必要なのか、具体的にどういう手立てがよいのか、そういう把握と判断が必要なのだ。

　今回も、取り組むなかで気づいたり、指摘を受けて修正したりということが、やはり幾つかあった。そういう点では反省が残る。ただ実際にやってみて初めて分かることもある。今回は、子どもの力に助けられたという感じが強い。

イ、子どもの姿を見るということ

　なかなか回れず苦労していた子が、ある時スッとできるようになる。その時の、驚きのような、喜びのような子どもの表情。なんとも言えないようないい表情になる。見ていて嬉しくなるような表情。こういう経験が、自分に自信を持つということにつながるのだろう。

　身体が固くスムーズに回れない子がいた。回る時に右手の位置がずれて少し傾いてしまうのだった。しかし、この子は初めの姿勢をとるとき、いつもそれを思い出すように気をつけていた。手の指の位置や向きを何度も何度も確かめるようにして、それから回り始めるのだった。そうやって取り組んでいる姿を美しいと思った。たとえ多少傾いて回ったとしても、いつも「いい姿だなあ」と思って見ていた。

＊　＊　＊

　自分の座っていた場所からマットまで歩いて行く。その時に、心に何かを湛えているような感じで、本当にきれいに歩いて行く子がいる。

　「いいねえ、今の歩き方、とってもきれいだったねえ」とか「気持ちの準備をしながら、ここまで来たんだね、きっと」とか、私はそういう言葉しか掛けられないのだが、そういう言葉でも不思議と子どもたちには伝わるようだ。そして、それを見ている子どもたちが真似をしていく。

他の子を見ながら学んでいるようなのだ。

＊　　＊　　＊

コメントの中に「毛羽がとれてる」という言葉があった。何の気負いも衒いもないように、すっと立っている。どこにも力が入っていないような、自然にそこにいる、それだけでその姿がきれいに見える。

自分の番になり立ち上がってマットまで行く。そして「うしろ回り」をして、また自分の場所へ戻って行く。そういう姿が、なんとも自然で、余分な力が抜けていて、ザワザワしたものが何もない、そういう感じ。

「集中とリズム的な流れの美しさ」ということ。それはとても私が教えられるようなものではない。子どもが自ら持っていたものだろう。それが表現される時、美しく見えるのだろう。

＊　　＊　　＊

「うしろ回り」を終えて戻っていく時に、ほんの少しのマットのズレをきちんと直していく子がいる。最後にマットを片付ける時、マットに付いている小さなゴミを手できれいに払い除けている子がいる。そういうことを、なんでもないことのようにやっている。

コメントの「そういうことを越えてもっと教育的な大事なことがある」ということ。言葉ではうまく言い表せないのだが、子どもの中に何かが育っているのだろう。それは実感としても感じていた。ていねいさとか集中力、吸収力というものだろうか。何かそれだけではないような気もする。

言葉や数値ではとても表せないような、理論や言葉で表そうとするとそこからは零れ落ちてしまうような、そういう感じのもの。しかし、そういうものが国語や算数などの教科の理解力を底の方から支えているのではないかと思うし、人間として必要なものを子どもの内側に蓄えてい

くことになっているのではないか、そういう気がする。そして、目に見える結果を求めるあまり、そういう大事なものを軽んじたり潰すようなことをしたりしてはこなかったか、今かえりみて、そういう思いが強い。

「かげ」の授業

1，授業について

　この教材は、読書教材として扱われている４ページほどの短いお話で、とくに重要な教材ということではない。この時の学級の状態や様子から、この教材を使って、こういう授業を考えてみたという記録である。

　この年度に担当した学年は、「順調な」、「学力もついている」学年と言われていた。たしかに集団からはみ出す子、問題を起こす子もいない学年だった。私も、そう思い込んでいた。

　ただ、国語にしても算数にしても、どうしてこんなに意見を言わないのだろう、聞いているばかりなのだろう、そういうことが気になった。そのうちに四月の学力テストの結果が届いた。それを見て驚いた。隣の学級とは、国語で10点以上差があり、文章の読解は学級の半数が３段階のうちのC評定になっていた。算数も５点ほど低かった。（この子どもたちの理解力がかなり高いということを私は後になって実感した）

　とにかく学習が弱い。楽な学習の仕方になっている。やり方を覚えるばかりで、自分で考える学習をしてきていない。そういうことに、ようやく気がついた。

　学習だけではなかった。毎日の生活も、なにか動きが遅かった。掃除にしても給食などの準備にしても、ふざけて遊んでいるのではないのに時間がかかってしまう。４人がかりで黒板を消していたり、３人集まってちり取りにゴミを取ったりしている。朝の会や帰りの会、給食の挨拶

も何人も出て来て、低学年のように決まったことを一言ずつ交代で言っている。何か根本的なところで育っていない。一人ひとりが弱いのだ。集団では問題なく動いているように見えるが、自分で考えて動くことができない。周りに合わせて動いているだけなのだ。そういうことに、私が気がつかないでいたのだ。

　国語は、初めの方に『白いぼうし』という物語教材がある。ファンタジーのような不思議な物語である。この教材で、意味調べや問題づくりをして一斉授業に入る計画だったが、とても無理だった。その後の『動いて、考えて、また動く』という説明文も、授業で考えようとした課題が子どもに入っていかなかった。私が、子どもの状況を的確に捉えていなかったからだろう。授業に無理が出てしまうのだ。

　長い文章を読んだり考えたりするのは難しいような気がした。それより語句や漢字の学習の方が子どもの反応があった。そういうことの方が合っているようで、子どもがよく発言してくれた。

　『かげ』は、時間をかけて内容を考えるという教材ではない。長さがちょうどいいので、朗読の練習に使った。授業では、一つだけ、文中に何度も出てくる指示語を取り上げてみた。それを使って、文章に向き合うということを少しやってみたかった。教材文の次の部分である。

教材文『かげ』（部分）

> ④　子グマは、長いこと、ひっくり返ったり、つかみかかったり、かみついたり、はらを立てたりしていた。わたしは、その様子をじっと見ていたが、なぜそんなことをしているのか、さっぱり分からなかった。
>
> ⑤　ところが、とつぜん気がついた。子グマは、自分のかげをつかまえようとしていたのだ。<u>それ</u>がかげで、つかまえられっこない、

ということがまだ分かっていない。子グマは自分のすぐそばで、何か黒いものがかすかに動くのを目にとめた。子グマは、それにぱっと飛びかかり、歯をむき出した。でもやっぱりかげはかげで、どうすることもできない。

⑤段落の「それ」（下線部分）は何を指しているか。文章の内容から考えると「（かすかに動く）何か黒いもの」を指すと思うが、ちょっと分かりにくい。文章通りに読むと、「自分のかげ」と考えてしまうかもしれない。でも、それでは意味がおかしくなる。意見が分かれるかもしれない。

【授業の様子】
　黒板に④の教材文を書いた大きな模造紙を貼る。机の教科書ではなく、前の黒板の方を見てほしかったからだ。全員で読んだりグループで読んだりした後に、まず指示語を知っているかどうか訊いてみた。あまりはっきりしなかった。

T　あのね、（近くの子のノートを指して）「ちょっと、そのノートを見せて」って言うでしょう。その時の『その』。（筆箱を指して）「その筆箱」と言う時の『その』、（窓際の棚に置いてあるバケツを指して）「あのバケツ、取って」と言う時の『あの』、（目の前の子の鉛筆を一本借りて）「この鉛筆」という時の『この』、そういう『その』とか『この』とか『あの』という言葉。それが指示語、何かを指す言葉。「○○君の机の上にあるノート」と言う代わりに「そのノート」。「窓の棚の上に置いてある青いバケツ」が「あのバケツ」——。
C　こそあど言葉……?

T　そう、「こそあど言葉」と言うときもあるね。この、その、あの、どの、とかね。
　　それで、この④の段落のなかにも指示語があるんだけれど――。

　④段落をもう一回読んでから、指示語がどれかを訊いた。それでも、意味がよく分かっていない感じの子もいる。「なぜそんなことを」の「なぜ」が指示語だと言う。しかし、違っていても自分の考えを言ってくれることの方がずっと大事だ。

T　う〜ん、惜しいなあ。「なぜそんなことを」の、「なぜ」じゃなくて……。

　こういうことにも結構時間がかかる。私の準備も足りなかった。もっと簡単に分かるだろうと思っていたから、取り立てて準備をしていなかった。それでも、ようやく「その様子」の「その」、「そんなこと」の「そんな」が指示語だということになった。

T　それで、「その様子」とは、どういう様子なのか。どういう様子をじっと見ていたのか？　どんなふうになっていることを「その様子」と言っているのだろう？

　意外にこちらの方がすんなりと出てきた。――「長いこと、ひっくり返ったり、つかみかかったり、かみついたり、はらを立てたりしている。」すぐにそう出てきた。「その」の表す内容が、すぐ前の文に書かれているからだろう。「そんなこと」の「そんな」も同じことを指していることも分かった。前に出てきているのだから、同じことを繰り返さずに指

示語だけで分かるのだと説明した。

　もし指示語がなければ、三度も繰り返して言わなければならないことを話した。そして、私が、④の文章を指示語を使わずに言ってみた。

T　だから、指示語を使わないでこれを言うと――、（少し早口で）「子グマは、長いこと、ひっくり返ったり、つかみかかったり、かみついたり、はらを立てたりしていた。わたしは、子グマが長いこと、ひっくり返ったり、つかみかかったり、かみついたり、はらを立てたりする様子をじっと見ていたが、なぜ、子グマが長いこと、ひっくり返ったり、つかみかかったり、かみついたり、はらを立てたりしているのか、さっぱり分からなかった。」

　子どもたちは「早口言葉みたい」とか「全然分からない」とか笑っていたが、これでは却って意味が分かりにくくなることは理解できたようだ。

　次に黒板の教材文を⑤段落のものに取り替える。それを一度読んでから、「ここにも指示語があるんだけれど――」と訊いてみた。今度は、「それ」が２か所にあることがすぐに分かった。

　そこで、はじめの「それ」がいったい何を指しているのか、を訊く。ここからが今日の学習の中心、考えてほしいところだ。「これは少し難しいんだけれど――」と言って、少し時間をとった。

教材文

　ところが、とつぜん気がついた。子グマは、自分のかげをつかまえようとしていたのだ。それがかげで、つかまえられっこない、ということがまだ分かっていない。子グマは自分のすぐそばで、何か

> 黒いものがかすかに動くのを目にとめた。子グマは、それにぱっと
> 飛びかかり、歯をむき出した。でもやっぱりかげはかげで、どうす
> ることもできない。

　黒板に貼ってある教材文を目で読んでいる子が多い。教科書をじっと
見ている子もいる。やはり迷うのだろう。そのまま読むと、すぐ前の文
に出ている「自分のかげ」になるのだが、何かおかしいと感じているの
だろう。

　しばらくたって、意見を訊いてみる。はじめに、「黒いもの」という
考えが出た。それから、「自分のかげ」という考えも出た。都合よく、
両方が出た。子どもの考えを聞いてそれを板書しているうちにチャイム
が鳴ってしまった。はじめの朗読や指示語の説明に時間がかかりすぎて
しまった。しかし、それは必要なことだったと思う。

　　ア、何か黒いもの
　　イ、自分のかげ

　アの意見、イの意見がそれぞれ１／３くらい。残りの１／３の子は分
からないか迷っているようだった。授業が終わったときに道具を片づけ
ながら、見塚君が「だって、『黒いもの』は「それ」の後に書いてある
から（違う）」と言っている。これは大きな根拠になるはずだ。
　翌日、つづき。黒板に前の日の教材文⑤を貼り、ア、イを板書して始める。
　まず自分の考えとそう思ったわけをノートに書いてもらう。意見は変
えてもいいよと言ってあったのだが、この時にはもう２／３くらいの子
が「何か黒いもの」の方になっていた。やっぱり文章を読みながら考え
ると、「何か黒いものがかげで」となるのが普通なのだろう。

アの意見から、そう考えた理由を言ってもらうことにした。

荒木　「自分のかげがかげで」って、おかしいし、子グマは、まだ人間
　　　みたいに影っていうものを知らないから。
村上　イだと「自分のかげがかげで」になるけど、それは違うかなと思
　　　う。それに子グマは影というものを知らないから、「自分のかげが
　　　かげで」って言うのは違うと思う。

　やはり文章としておかしい、と考えているのだ。ほかに何人かに意見
を訊いてみたが、同じように「自分のかげがかげで」というのはおかし
いという意見だ。子グマはまだ影というものを知らないからおかしい、
というニュアンスで言っている子もいたが、混乱しそうなのであまり取
り上げなかった。
　イはすっかり少数意見になってしまった。アの人たちの言っているこ
とが間違いではない、というのが分かるのだろう。もう、数人しか手が
挙がっていない。ただ、「『黒いもの』が後に書いてあるから違う」とい
うのは大きい根拠だ。はじめに永山君に言ってもらう。それから、さっ
きから意見を言いたがっている見塚君にも言ってもらう。

永山　「何か黒いもの」っていうのは、「それ」の後ろに書いてあるから
　　　――。だから、「黒いもの」は違うと思う。
見塚　「黒いもの」は「それが」の後ろに書いてあるんだから、おかしい。
　　　それだったら、まだ読んでいないんだから、分からないことになる
　　　から。

　まったくその通りだ。指示語の指している内容が後にくるのはおかし

い。私は「そうだよね」と言いながら、前日使った紙（④段落）を黒板に貼った。そして、「その様子」の「その」が何を表しているかをもう一度たしかめる。指示語は前に出てきたことや分かっていることを指すことを確認する。そこはみんな納得した顔で聞いている。そして、話を続けた。

T　それで、まず、アの方だけど——。アの意見で言っている、「自分のかげがかげで」というのは、たしかに文章としておかしい。「自分のかげがかげで」って言ったって、意味が分からないでしょう。何だか変でしょう。これはおかしい。だから、アの人たちが言っている意見、これは正しい。
　　そして、イの意見の、指示語の指している言葉が後ろに出てくるのは変だという意見。これは、指示語の使い方としてはやっぱりおかしい。指示語は、前に出てきて分かっていることを指して言うわけだから——。だから、イの意見も正しい。

　かなり強引な進め方だったが、ここではこれでよかったと思っている。両方の意見が正しいということはないのだが、意見の根拠が正しい、そういう意味で言っている。はじめからそういうつもりだった。
　私の話している言葉も、子どもたちに届いているようだ。子どもたちは、アもイも正しいという私のやや強引な話を、前を向いて聞いている。たたみかけて、次の問題に入る。

T　だから、これは、アの意見も正しいし、イの意見も正しいんです。両方とも正しい。じゃあ、どうしてこういうことになっているかというと、この文章（⑤段落）の方に問題があるんです。さっきの「自

分のかげ」と書いてあるこの文。それから、こっちの「何か黒いもの」と書いてあるこの文。（2つの文に線を引く）この2つの文です。おかしくありませんか？

——「子グマは、自分のかげをつかまえようとしていたのだ。」
——「子グマは自分のすぐそばで、何か黒いものがかすかに動くのに目をとめた。」

いきなり訊かれて「?」という顔している子が多い中で、両手で頬杖をしたままの徳田君が、グッと顔をつき出して黒板の文章を見ている。彼が何かを考え出す時の格好だ。
　私は、もう一度ゆっくりと、教材の2つの文を読む。

T　「子グマは、自分のかげをつかまえようとしていたのだ。」、それから「子グマは自分のすぐそばで、何か黒いものがかすかに動くのを目にとめた。」、この2つの文だね。これはおかしいでしょう？

　そんなことを言っているうちに、徳田君か誰かの「あっ」という声が聞こえた。どうやら気がついたらしい。幾人か手が挙がってきた。「おっ、気がついた？」と私も言う。「ええっ？」とか「ヒントは？」とか言う声が聞こえる。

T　ヒント？　ヒントは、そうだね……、順番。
C　順番？
T　そう、順番。順番だね。

それを聞いて何人も手が挙がり始めた。だいたい気がついてきたようだ。

T　もう分かった？　これ（1つめの文）と、これ（2つめの文）では、どっちが先なんですか？

　これはもう、みんな分かったようだ。子グマは何か黒いものに目を止めた（2つめの文）、という方が先だ。だから、本当は、「子グマは自分のすぐそばで……」の文は、前に来る文なのだ。それで「何か黒いもの」も前に来ることになる。それを作者が、何か考えて後ろにしたんだけれど、本当は前に来るはずの文。それで、こういう書き方になったのだ（指示語の指す言葉が後ろになってしまったのだ）、と説明して終わった。子どもたちは、そういうことかという感じで聞いていた。

＊　＊　＊

　それほど難しいことをやっているわけではないし、「それ」の押さえ方がこれでよかったかという問題もあるかもしれない。指示語の指しているものが何かを考えるだけの授業だったが、とにかく子どもたちが教材の文章に向かって考えている。そして自分が考えたことを言い始めた。それだけで十分だという気がした。

　子どもが中心になって動いているというより、私の方で主導して授業を進めている感じは否めない。私が話している時間もけっこう長い。しかし、そういうことも必要だろうと思ったし、授業が進むうちに、子どもたちの目が黒板の教材文に集中してきた、子どもたちが動き出してきた、という感じがあった。自分が話している言葉が子どもたちに届いている、子どもたちと授業をしている、そういう感覚をやっと感じることができた授業だった。

オペレッタ「三まいのおふだ」

1，はじめに

　これは、学校の研究発表会に向けて学年（2学級）で取り組んだもの
である。音程やリズムをとることが苦手な私は、音楽の取り組みはどう
しても敬遠してしまいがちだった。しかも身体的な表現を伴うオペレッ
タなど指導したことがなかった。しかし、こういう機会でなければ、も
うオペレッタに取り組むことはないだろうという思いもあった。同じ学
年のU先生がピアノに堪能だったことも幸いした。

　しかし、実際に始めてみると分からないことだらけで、ほとんど手探
りのような状態で進めていくことになった。それでも、取り組んでみて
私が得たことは多かった。子どもにとって表現とはどういうことなのか、
どういう意味があるのか、そういうことを考える機会になった。

2，経過

【歌——楽しむということ】

　まず歌の練習から始める。歌は全部で7曲。最初の曲は、いかにも楽
しそうな軽快な感じだ。

　　♪　お日さま　かんかん　いいてんき
　　　　おつとめよりも　なによりも

花つみすきな　小ぞうさん
　　　きょうも　やまへ　いきました

　歌詞も何だか楽しくて覚えやすい。模造紙に大きく歌詞を書いて貼り、子どもたちが前を向いて歌えるようにした。曲が楽しいせいか、子どもたちが覚えていくのも早かった。U先生のピアノ伴奏には余裕があって、子どもたちの様子に合わせて弾き方を変えていくことができた。私が気づかない音程やテンポのずれなども直していった。
　子どもたちも歌うのが楽しいようで、歌②、歌③と順調に進めていくことができた。

　ただ、気になっていたこともあった。それは、子どもたちが身体を使って歌えていないのではないか、息をしっかり吸えていないのではないかということだった。元気に歌っているのだけれど、何か声が固いような、喉でがんばっているような気がしていた。
　私の指揮がどうしても拍をきざむようになってしまうせいか、歌っている時の身体が固いような、息を吸ってもお腹の方にスーッと入っていかないような、そんな感じだった。だから声がひびいていかないのではないか、それが気になっていた。
　上の学年では、身体を使ってやわらかく歌う指導がされ、ときどきその声が廊下にもひびいていたので、いっそう息を吸わせられないことが気になっていた。息が吸いやすいように両手を広げるように指揮をしてみたり、息を吸ったり吐いたりする練習をしてみるのだが、なかなかお腹まで息が入っていかない感じだった。身体を使ってやわらかく発声する、そういう身体の使い方を子どもたちに教えられなかった。

　そうしているうちに、箱石先生に指導していただく日を迎えた。研究発表会に向けてということで、先生から直接に指導をしていただけることになっていた。

　この時も、私は呼吸のことを心配していた。もっと息をしっかり吸って、身体をつかって声を出すこと。そういう歌の基礎のようなところができていない——。そういう心配をしながら、その時に覚えていた歌④までを歌った。

　ところが、先生は「うん、いいんじゃないですか」と言われ、「身体が固い」とか「声が固い」とか、そういうことは何も言われなかった。そして話されたことは、「楽しみながら」ということ。子どもが歌や表現を楽しむということ、そして教師も楽しみながらということだった。そもそも、このオペレッタの「おばば」の歌は次のような歌詞だ。

♪　　ぺらん　ぺらんのぺらん
　　　　　　小ぞうの頭は　うまそうだ
　　ざらん　ざらんのざらん
　　　　　　小ぞうのお尻は　うまそうだ

　もともと楽しいお話なのだ。「もっと、子どもと一緒に楽しめばいい。」と言われる。そして、先生は子どもたちの前に立ち、指揮というよりも、ピアノの伴奏に合わせて、まるで「おばば」が出て来るようにおどけて、大袈裟な動きをされた。子どもたちは、それを見てもう可笑しくて、笑いながら歌っている。先生も笑いながらフロアーを大きく動いて子どもたちに指揮をしている。

　先ほどまで行儀よく歌っていた子どもたちが、何か固さが取れたようになり、曲に合わせて身体を揺らしながら歌っている。声が明るくなっ

たようにこちらに届いてくる。

　身体の使い方はもちろん大事なことだ。しかし、ここではまず、子どもたちが歌を楽しむこと。子どもたちが、まずこのオペレッタの世界に入って、「小僧と山姥の世界」に入って、歌を楽しむこと。こころを解放すること。そういうことが、より大事だったのだ。たしかに息を吸う練習もされたが、それよりもまず歌を楽しむことだ、というふうだった。楽しむことで、身体の余分な力が抜ける、自然に声がひびくようになる、ということだろうか。

　「教師も一緒になって子どもと楽しめばよい」——それは分かったのだが、とても難しいことだった。実際となると、子どもの前でとてもそんなふうには動けない。動こうとしても、何だか身体が強ばってしまう。教師という自分の固さが邪魔をしている。自由になれない固さがある。そういうことを身に沁みて感じることにもなった。

　それでも、子どもたちはよく歌っていた。新しい歌に入るときは、模造紙に書いた歌詞を貼っておくのだが、それを見て面白がっている。「三まいのおふだ、やるよ」と言うと、いつも喜んでいた。子どもたちが楽しそうに歌の練習をしていたのは、本当にありがたかった。

【台詞を入れる】

　歌を覚えていくに従って、「小ぞう」や「おばば」の台詞を入れていく。台詞を入れていくと、全体が物語のようになってきた。物語がわかるようになり、オペレッタのお話を楽しむようになってきた。台詞を言いたくてしょうがない、という子がとても多かった。

　「小ぞうさん」や「おばば」「和尚さん」等の役を決めなければならない。たくさんの子がやりたがるだろうというのは、分かっていた。だから、希望を取るのではなく、教師の方で指名することにした。「小ぞうさん」

「おばば」は、両方の組から一人ずつ出して途中で交代、あとはどちら
かの組から、というふうに候補を出していき担任二人が話し合って決め
た。

　私は「おばば」役にRさんを考えていた。学習で目立つことのあまり
ない、他人のこともあまり気にしない子だ。ノートの字が曲がってもは
み出ても少しも気にしない、ちょっとぼわっとした感じの面白い子。

　U先生は、「小ぞうさん」にB君を挙げた。小柄なB君は、声が小さ
く本読みもすぐに止まってしまう。何かするときにいつも遅れてしまう
子で、私もよく知っていた。でもいつもニコニコしていて憎めないよう
な子。この表現活動のなかでこの子の力を出してやりたい、U先生がそ
う思っているだろうことは推察できた。体育館で一人で声を出せるだろ
うか、一人で動けるだろうか、そういう不安はあった。だが、練習が進
んでいくうちに、普段のB君とは見違えるように生き生きと動き出した
のだ。

【型はめをしない──イメージをつくる】

　そうして、役を決めて動きをつけていったのだが、これがなかなか難
しかった。ヒナ壇からフロアーに出てきて動くのだが、どうしても単調
になるようだった。

　決まった型に当てはめて台詞を言ったり動いたりするのでは表現にな
らない。お手本の真似をさせるようなやり方は止めよう。それは始めか
ら思っていた。けれども自分に指導の経験がなく、子どもたちの動きは
どうしても単調になりがちだった。それも仕方がない、表現は子どもた
ちがやるものだ。子どもたちの動きに合わせながら、できることをする
しかなかった。

　表現はそういうものだと思っていた。それでも、「えっ」と思うこと

があった。10月に来校された箱石先生に見ていただいたときだ。

　10人ほどの子がヒナ壇からフロアーに出て来て小さな豆になって散らばる場面。どうも散らばっている感じがしない。くっついてしまう子どもたちに、私は「散らばって」とか「前に出てみて」とか言うのだが、子どもたちは何か動きかねていた。

　その時、言われた言葉──「位置を言ってやればいいよ」。「えっ」と思った。位置まで決めていいんだ。そういうことを教師が決めてはいけないのだ、と思っていた。しかし、子どもたちは初めてのフロアーを広く使うことがよく分からなかったのだ。だから、位置を指示してやって、そこで自分の表現をさせるということ。それは、型はめでも教え込みでもないのだ。

　この場合は、子どもが表現できるように、その場を指示してやることが必要だったのだ。そこで子どもたちが自由に動いていけばよい。すべてを子どもに任せる、子どもに決めさせるということではないのだ。子どもが表現できるように、その場を準備するということ。それが教師の仕事なのだ。

　その後、そこからヒナ段に戻っていくのだが、今度はそこで注文がかかった──「そこで無造作に戻らない。曲を聞きながらゆっくり戻っていく。戻ることでも仕事をさせる」──。それでやり直してみると、さっきは戻っていく子どもたちが歌を邪魔するように見えたのが、今度は表現する姿になっている。戻る時にも子どもたちが曲を聞いて気持ちを入れている、というのがよく分かった。ここは、子どもたちに考えさせる、仕事をさせるところだったのだ。

　もう一つ、「おばば」が大きな包丁を研ぐ場面があるのだが、その動きが見ていてもよく分からない。そこでの言葉──「大きな包丁と砥石

を作って、こういうふうに研ぐんだとやってやればいい。そういうイメージがないんだから——」。なるほどと思う。実際に物を作って見せるのは俗ではないか、という先入観が私にはあった。型はめをしないというのは、何でも子どもに考えさせるというのではないのだ。子どもにきちんとイメージをつくらせて、そこで自由に表現させるということなのだ。

　早速、段ボールと色画用紙、銀紙で大きな包丁を作って教室の隅に掛けておいた。それを見た「おばば」役の子がとても喜んだ。宝物のように両手で抱えて持っていく。「こうやって研ぐんだよ」とやって見せると、すぐに自分でやり始めた。もうそれだけで、いかにも山姥になったように、そういう世界に入ってしまったようになっている。方法はどんなことでもいいのだ。子どもがそのイメージをつくる、そして表現する。それが大事なのだ。

【表現するということ】

　もう一つ心配していたのが、「大山」や「大川」「大火事」の表現をどうするかということ。オペレッタといっても、はじめは表現というより歌と台詞を中心にした単純なものを考えていた。身体的な動きとなるとどうしてよいか分からないという不安があったから、「大山」などの表現の部分は「語り」でもいいだろう、そのくらいに考えていた。

　ところが、歌を覚え、台詞も入れていくと、次は「早く表現も入れていくといい」ということになっていった。曲があるのだけれど、「大山」や「大川」「大火事」を動きで表現するのはどうしたらよいのか……。結局、子どもたちの動きをもとに、とてもシンプルな表現ができあがった。

　そして、このとき感じたことは、そういう表現を子どもたちが喜んでやっているということ。「大火事」の子など両手を広げ走り回っている

だけに見えるのだが、そのなかで「大火事」を楽しんでいる。「大山」
や「大川」も単純な動きだが面白がっている。「大入道」は曲に合わせ
て身体を縮めたり伸ばしたりして、最後にみんなで「大入道」になると
いう具合い。子どもたちはこういうことを面白がるんだ、それが私には
発見だった。

　そういう動きを入れたのは10月になってからだったから、時間はほ
とんどなかった。箱石先生にはそれを見ていただいた。決して上手な表
現ではなく単純な動きだったが、その動きにもとくに指摘はなかった。
　ただ、ここでは「対応」ということを言われた。表現の基本として、
相手と対応しながら動くということ。位置の対応、動きの対応。例えば、
小ぞうさんとおばばの位置。おばばと大山の位置、動き。いつも相手を
考えながら動く。2年生でも、そういうところは意識させていく。また
見る側からはどう見えるかということも考えていく、それも教師の仕事
だということ。子どもたちの間に糸を張るような、関係をつくっていく
ような仕事。意図的にそうすることで、その場に全体的な緊張感が生ま
れてくるということ。

3，発表会、そして

　発表会前日の練習も、子どもたちは変わった様子はなかった。表現と
してはとてもシンプルな構成だったが、子どもたちは体育館フロアーの
半分を使って、のびのびと動いて表現していた。特別なことは何もでき
ていないけれど、巧みな表現ではないけれど、子どもたちは楽しそうに
歌ったり動いたりしている。そういう姿を見てもらえたら、それでいい
だろう。そう思っていた。

2年表現　オペレッタ「三まいのおふだ」

　発表会の日、オペレッタの前に国語の授業公開があった。その授業で
私は、頭のなかが真っ白になるほど浮き足だってしまい、何もできない
ままに終わってしまった。その動揺のまま、オペレッタの発表になった。
これから多くの参観者の前で発表するというのに、子どもたちの気持ち
をほぐすことさえ私の頭からは抜けてしまっていた。私の動揺が子ども
たちに伝わったかもしれない。
　ステージのヒナ壇に子どもたちが並び、『三まいのおふだ』が始まった。
子どもたちが緊張しているのが分かった。なんだか動きが固いし、歌う
声も前日のようにはひびいてこなかった。前日までのびのびやっていた
のに……、悔しかった。
　発表というときに子どもたちの力を出せなかった——。何かすべてが
終わってしまったようだった。今までのことがみな崩れてしまったよう
に感じて、私は気が抜けたようになっていた。

　それからしばらく経って、研究会を参観された方の感想を読んだ。
　「——子どもってこんなにかわいいのか、こんなにのびのびと歌える
のかと思い、涙が出た。緊張している様子もあり、その様子もかわいく
ほのぼのと見られた。(…略…) 子どもたちは、やはり、始めは緊張し
ているようだったが、歌ったり、動いたりしていて、緊張はほぐれ、体
も心もほぐれ、「三まいのおふだ」の世界に、どっぷりと入ったように
感じた。子どもたちは、自分が表現することを、本当に楽しんでいて、
2年生の今の自分を全開で出しているような感じだった。目の前には知
らない人がたくさんいる。そんな中で、だれに対しても、わーっと今の
自分を出すことを、表現することを楽しんでいる。——」
　　　　　　　　　　　　　　　　（『拓く』第23号・多摩第二土曜の会）

あの表現を、こんなふうに感じながら見ていた人がいたのだ……。なんだか救われたような気がして、読みながら涙が出そうだった。

　ともかく子どもたちは『三まいのおふだ』を楽しんでいた。歌ったり動いたりすることを楽しんでいた。多くの参観者を前に緊張しながら、子どもたちは精いっぱいの表現をしていたのだ。それは失敗でも何でもない。『三まいのおふだ』の世界を、自分の頭と身体を使いながら、そこに自分を表現していたのだ。やっとそう思えるようになった。
　あとで、箱石先生が話されたこと——。
　「——子どもたちが楽しんでいること自体が大事なんだ。それを引き出すことができれば十分なんだ。２年生の、その時の一番いい姿が出ている。２年生には２年生のかわいさがある。それは４年生や５年生とは違うんだ。」
　その世界に入って、自分を精いっぱい表現している子どもの姿、その輝き。そこに表現の意味があるのだろう。

＊　　＊　　＊

　この表現を始めた頃から、Ｎ君は顔つきが明るくなった。読みや計算が苦手で勉強など大嫌いだったのに、勉強時間に手を挙げている。間違ってもいじけない。なかなか進まなかった漢字練習も嫌がらない。かけ算のテストは90点だった。今でも勉強より遊びだが、それでいい。
　「おばば」をやったＲさんは、本当にいい顔をしていた。楽しかったのだろうと思う。いつもノートのマスからはみ出ていた字が、いつの間にかていねいになっていた。

※発表会での『三まいのおふだ』の様子は次のＱＲコードで見ることができます。

3年 理科　「じしゃく」の授業

1，はじめに

　この頃の私は、授業をする以上は子どもが教材について何かを考えることがなければ意味がないのではないか、と思っていた。とくに算数や理科では、そこで学習する内容についての論理や概念を考えることを意識して授業計画を立てていた。しかし、そういう私の思いはたいてい空回りして、授業は何か重苦しいものになったり、子どもを置いてきぼりにした私一人でしゃべっている授業になったりした。授業の中に子どもが少しも動き出して来ない、記録を読んでいても子どもの様子が少しも浮かび上がって来ない、そういう授業になってしまうことが多かった。

　教えたい内容ばかりが先にあって、そこに向かって計画を立てる。しかし、子どものことが少しも見えていなかった。だから授業になると、実際の子どもの様子に対応することができない。

　まず子どもが夢中になるような、楽しいと思うような授業でなければならないのではないか。そう思うようになったのが、この頃だったと思う。もちろん授業は、楽しければいいというものではない。そこにいかに教材の内容を込めるかということが大事だ。だから教材解釈も必要なわけである。しかし、教材をどう教えるかというだけでは、そこに子どもがいるという授業にはならない。そういうことに悩んでいた時期の記録である。

2，教材について

【教材の内容】

ア、磁石は、鉄を引きつけること
　　・磁石につく物、つかない物
　　・間が離れていても磁力がはたらくこと

イ、磁石にはN極とS極があること
　　・同じ極は退け合い、違う極は引き合うこと

ウ、磁石につくものは磁石になること
　　・磁化——磁力を受けた物が磁石のはたらきを持つこと

エ、磁石のN極は北を向き、S極は南を向くこと
　　・方位磁針について

・ア、イについては、磁石の大事な性質だと思う。磁石が鉄だけを引きつけること。磁力は空間があってもはたらきかけること。どんな磁石にも必ずN極S極があり、2つの極は磁石の端の方にあること。また、その磁極は分割しても合わせてもやはり端の方にできること。これらの点をきちんと押さえる必要がある。

・ウについては、磁石に触っているうちに気がつくのではないか。気がつかなければ触れることにしたい。

・エについては、磁石の性質というより地球の磁場の関係で起きることだろう。地球の磁場といっても難しいので、話として触れればよいと思う。実験で確かめてもいい。方位磁針は、仕組みと使い方を扱えばよいだろう。

【教材に関わって】

　磁石という教材はやはり面白いと思う。本には知らなかったことがたくさん書いてあるし、実際に磁石でいろいろ確かめてみると、磁力のはたらきが面白い。磁石を合わせた途端に磁極が移ったり、立てた一円玉が磁石で動いたり、予想外のことや驚くことがずいぶんあった。ただ、その不思議なことや意外なことの多くが「程度の問題」に関わっていた。磁力が強ければアルミニウムにも作用してしまうし、鉄を含まない合金が磁石についたりする。ステンレスも成分によってつかなかったりついたりする。同極同士でも、片方の磁力が強ければついてしまう。

　いろいろ試していると面白いのだが、「磁力の程度」や「成分の程度」で、磁石の概念が曖昧になっては考えにくい。そういう程度の問題をどう考えたらよいか迷った。結局、単純に割り切って「磁石につく物が鉄、鉄だけが磁石につく」「磁石は、その両端に磁極ができる」と考えることにした。そうすることで、授業で何をするかが単純な形で押さえられたように思う。

　磁石の性質やはたらきについて論理的に理解するという授業にはならないだろう。磁力そのものが目に見えないし、その仕組みを理解するのは難しい。磁力がなぜ起きるのか、磁場にどう作用しているのか、私自身分からないことも多い。ただ現象としてはやはり面白い。磁石の不思議な現象をとおして、磁石にはこういうはたらきがあるのだということが分かればよいと思う。そのためには、自分でいろいろ磁石にさわってみる必要があるし、実験を準備したり工夫したりする必要がある。

【授業計画概要】

①磁石につく物、つかない物

　〇磁石につく物とつかない物に分ける。鉄だけが磁石につく。

○磁石を使って確かめたあと、磁石につく物（鉄）さがし。

　どういうものが鉄なのかが分かればよい。

②磁力は、空間そのもの（磁場）にはたらく力だ。

○磁石は、離れていても引きつける力がある。

○磁石とクリップの間に、下じきをはさむとどうなるか？

③磁石は両端に磁極ができる。

○磁石は両端が力が強いこと。磁石の真ん中は磁力が弱いこと

○どんな磁石にもＮ極Ｓ極があること。

○異極どうしが引き合い、同極では退け合うこと。

④磁石は切っても各々が磁石のはたらきを持つ

○磁石を割ると磁極はどうなるか？　端の方だけ切ったら？

○磁石を合わせると、磁極はどうなるか？

⑤磁石は、Ｎ極が北を向き、Ｓ極が南を向くこと。

○地球も大きな磁石であること。

○方位磁針について。

3，授業のようす

【第１時】磁石につくもの、つかないもの

　市販されていた少し強めの磁石（フックとして使う物）を一つ持って教室に行った。「これはね、磁石なんだけど——」と言って、その磁石を見せながら、教室のまん中に児童用椅子を一つ置いた。そして、その磁石で椅子を持ち上げてみせた。磁石を子どもたちにもっと印象的に出会わせたかったのだが、このくらいしか思いつかなかった。それでも、子どもたちは「おおーっ」「すごい！」と喜んで見ている。そして「机は？」「机でやってみて」とか言い出す。そう言うだろう、と私も思ってい

た。児童用の机を裏返しにして、パイプに磁石をつける。そしてゆっくり持ち上げると、再び「おおーっ!」と驚いて見ている。

　そして、「それで今日は、磁石につく物とつかない物を調べてほしいんだけど——」と言いながら、準備しておいた大きな段ボール箱を持って来る。次の物が入っている。

　　・クギ　　　・小石　　　・空き缶（アルミ、スチール）
　　・茶碗　　　・片手鍋　　・スプーン、フォーク（ステンレス）
　　・たわし(スチール)　　・リベット（アルミニウム）
　　・銀紙　　　・乾電池　　・磁器タイル
　　・チョーク　・硬貨（十円玉、百円玉）

　調べる前に初めから分かっているようでは面白くない。子どもが興味を引きそうな物はないだろうか、驚いたり不思議に思ったりする物はないだろうか、そんなことを考えながら選んだ。

　片手鍋はつきそうだが、つかない。理科準備室にスチールウールのタワシがあった。モワモワしていて面白い。片手鍋といっしょに出してやろう。リベットは図工の工作で少し前に使ったばかりだから、クギと比べるのにちょうどよさそうだ。スプーン（ステンレス）は、つく物とつかない物を用意しよう。空き缶（アルミ缶）には、スチールの缶を一つ混ぜておこう。硬貨は茶色と銀色、両方ある方がいいだろう。乾電池や磁器タイルはどうか?　銀紙なんかで迷う子はいないだろうか?

　「これはどうかなあ?」と言いながら、一つずつ箱から出していく。子どもたちは、「くっつく」「くっつかない」と賑やかに言っている。硬貨は、意見が完全に分かれてしまう。「これは鍋を磨くタワシだねえ、どうかなあ?」と言いながら、片手鍋の中からスチールのタワシを出

して見せる。「そんなの、くっつくわけないよ」と、みんな笑っている。そして、テーブルに14種類の物が並んだ。

　初めに一人ひとりに予想を用紙に書かせる。意外によく知っているようだ。茶わん、石、チョークは誰も間違わない。迷うだろうと思っていた磁器タイルや乾電池もかなり合っている。鍋やリベットはつくと思っている子が多い。やはり金属が迷うようだ。十円玉、百円玉は半数くらいずつに分かれた。

　その後、全員に磁石を渡して確かめる。賑やかに調べ始めたのだが、スチールのタワシがくっつくこと、アルミのリベットはつかないことに「え一っ！」と言って驚いている。とくに、モヤモヤしているスチールウールのタワシが磁石にくっつくのは、まったく意外だったようだ。片手鍋はつかないはずだったのだが、「くっついた」と言う子がいる。そんなはずはないと思って、その子に確かめてもらうと、取っ手の繋ぎの内部にネジが使ってあるようで、そこだけ磁石がくっついた。よく探し出すものだ。

　磁石についた物、つかなかった物を、黒板に板書して整理する。そして、磁石についた物が鉄なのだ、ということを説明してまとめにした。その後、残りの時間で教室のなかの鉄探しをする。1時間でここまでやってしまったのだが、磁石につく・つかないは、一つひとつもっとていねいに私がやって見せて、それから子どもに確かめさせるくらいの方がよかったかもしれない。

（「ひょうたん島」第48号）

【授業の後で考えたこと】

　第1時の授業は、ほぼ予定した通りに終わった。子どもたちは楽しそうに調べていた。どういうものが磁石につくのか、鉄とはどういうもの

か、ほぼ分かったのではないか、そう思っていた。

　翌日はスキー学習の日だった（貸切りバスで近郊のスキー場へ行きスキー学習を行う）。その帰り、バスの座席のテーブルを止める磁石の部分に、（使い捨て）カイロがくっつくことに、伊東君が気がついた。この子はおそらく学級で一番よく知っている子なのに、カイロが磁石についた時、鉄だと言わないで「石灰だ」と言った。少し離れた席で見ていた私は「えっ」と思った。昨日、磁石の学習をしたばかりなのだ。

　第1時の授業の後で子どもたちが書いた短い感想を読みながら、少し気になってきた。リベットがくっつかなかったり、スチールタワシがくっついたり、子どもたちはとても驚いたり不思議に思ったりしている。それはいいのだが、「スチールタワシが磁石にくっついた。それは鉄だからだ。」ということが本当に分かったのだろうか。モシャモシャしたスチールウールのようなものでも鉄なのだと、本当に納得したのだろうか、という気がしてきた。購入教材の中に入っている鉄粉を、子どもは本当に鉄だと思うのだろうか。

　「粉のようにしても、細い糸のようにしても、鉄だったら（鉄だから）磁石にくっつく」ということをやらなければいけないのではないかと思った。そして、「鉄でなければ、どんなに強い磁石でもやっぱりつかない」ということも、もう一度押さえる必要があるのではないか、そんな気がしてきた。

【第2時】（授業の記録）

　まず、第1時の授業の子どもたちの短い感想を載せた学級だより（「ひょうたん島」第48号）を配る。子どもたちはそれを読んでいる。

3年理科「じしゃく」の授業

T　さて、それじゃ、磁石にくっつくものって、どんなものだったっけ？

牧山　くぎ。

C　タワシ。

武西　スチール缶。

T　そう、スチール缶ね。空き缶のスチールの方ね。

　　それでね、昨日、スキー学習だったんだけどね、帰るときに、伊東
　　君が見つけたんだけど、（使い捨て）カイロが磁石にくっつくんだ
　　って——。昨日乗ったバスのね、座席の前に、こう、テーブルがな
　　かった？（C、「あった。」）それで、ここに、こう、（テーブルを止
　　めるための）磁石がついてたんだ。（C、「あった。」）あれにね、カ
　　イロがくっついたんだって、ねえ？　（伊東君に）カイロが——。

　　それでね、最初は、カイロに（粘着）テープがついているから、そ
　　のテープでくっついているのかと思ったんだって。それで、裏返し
　　にしてやってみたら、それでも、くっつくんだって——。

　　そしてね、昨日はよくくっついて、今日、試してみたら、あんまり
　　くっつかなくなったんだって——。

C　あったかくなくなったからでないの？

T　冷たくなったからかなあ？

　　それで、そのカイロ、伊東君に持って来てもらったから、これ（磁
　　石）でやってみようと思うんだけど——。こっち側はテープがつい
　　ているからね、裏返しにして——。

　　T、まん中の机の上にカイロを置いて、それを磁石で持ち上げてみせる。

C　おおーっ！

C　ほんとだ。

T　分かる？　こっち側がテープだから、こっち側にはネパネパしたも
　　のはついてないんだけど——。ほら、ね。
　　ということは、このカイロは何でできていると思う？
C　鉄……?（自信なさそうに言う）
C　鉄と何かが混ざっているんじゃないの？
C　鉄の粉じゃない？
C　ええっ、鉄の粉じゃないんじゃない？
T　鉄？　鉄が入っている？　なんだか、あったかくなるんだけどね—
　　—。
　　それで、この中身、何が入っているのか、先生も開けてみたことは
　　ないんだ。こんなのわざわざ開ける人いないから。それで、今、開
　　けてみようと思うんだけど——。
C　イエーッ。
C　開けたらダメって……（書いてあるらしい）。
T　ほんとに鉄が入っているのか——、何が入っているのか、知らない
　　けど——。
C　それじゃ、磁石にくっつくのかな？
C　えっ、でも……。
T　あんまりよく分からないけど、だけど、さっき磁石にくっついたん
　　だから——。

　　まん中の机に紙を敷いて、カイロの袋を切って紙の上に出して見せる。
　　こげ茶の粒々の状態。

C　おおーっ。
C　見えない。

T　土みたいなものだなあ、これ。（触ってみる）

C　ああーっ。

T　こういうものが入っているんだ。（粒々をつまんで）こうやってみ
　　ると、土みたいな感じだけど——。（机を回って見せる）

　　子どもたち、立ち上がって見ている。そして、様々にしゃべっている。
「土だ」「分かんない」「真っ黒」「見えない」「先生、くさいよ」「鉄のに
おいするよ、先生」「ほんとだ」「お金みたいなにおいがするよ」等々——。

T　それで、さっきは袋の上から（磁石に）ついたんだけど——。これ
　　でつかなかったら、これは、鉄とは全然、関係がないね。
　　それで、つくと思う？

C　思う。

T　思う人は？（C、過半数）ちょっと無理だと思う人？（C、わずか）じゃ
　　あ、やってみるか。これは先生もやったことがない。いいかい？

　　T、紙の粒の上に磁石を近づけていく。磁石の周りにびっしりと粒々
　　がくっつく。

C　おおーっ‼

C　すげえ！

C　くっついた！

C　おおーっ。（パチパチと拍手が起こる）

C　見えた、見えた。すごい。

C　あー、見えない。

T　見えなかった？　もう1回、やってみる？

今度はさっきよりゆっくりと磁石を粒に近づけていく。粒が吸い上がるように磁石にくっついていくのが分かる。

C　うわーっ!!!
C　かっこいいー。
T　くっついたね。カイロの中身は、これは？
中林　たぶん、鉄。粉々にして——。
T　鉄ですか？　土みたいに見えるのは、これは？
C　鉄。
C　砂鉄。
T　ああ、砂鉄というのがある？　鉄の砂みたいなのね。じゃ、砂鉄も鉄のなかまとして考えよう。
C　鉄。（だいぶ自信を持ってきている）
T　鉄？　こういう鉄もある？　ということは、これでも、こんなに粉々なんだけども、これでも鉄っていうこと？　鉄っていうと、こういう（机の鉄板やパイプを指して）ものが多いけど、こんな粉々になっても、やっぱり鉄なんだ。
　　それでね、さっき、粉々の鉄って言ってたんだけど——。

　　T、フィルムケースに入れた鉄粉を持って来る。

C　先生、その中身、何？
T　これね、この入れ物に入っているのは、何かっていうと——。（紙の上に鉄粉をあける）これは名前が分かるんだ。ビンの中から取ってきたからね。鉄の粉。鉄粉（板書）。だから、簡単に言うと、こ

れ（鉄片を持ってきて）と同じ。これを何かで削るでしょう。削る
ときに粉みたいのが出るでしょう。それと同じ。

中林　じゃあさ、もし同じならさ——。

T　同じなんだから？

中林　つかなきゃ、やばい。

T　うん、くっつかないと変だね。つかなかったら、おかしい。でも、
　　鉄なんだから、きっと——。（磁石を持って来る）

C　やって、やって。

C　つくんじゃない？

　　　T、鉄粉の上から磁石を近づけていく。

C　あっ。

C　ああーっ。

C　立った、立った！（鉄粉が磁石に引かれて立ち上がっている）

C　おおーっ。

C　ああー、立ってる。

C　ああっ、見えない、それ。ね、もう1回。

T　もう1回？　（もう一度やってみる）

C　ああーっ！

C　あっ、浮いた！　さっき、ちょっと浮いたよ。

C　ああーっ。

　鉄粉の上で磁石を動かしていくと、どんどん鉄粉がついてきて全部つ
いてしまう。磁石が、まるでヒゲもじゃになってしまう。

C　ああーっ。

C　あははっ──。（笑っている）

T　だから、これは粉だけど、鉄なんだ。それで、これは粉ね。
　　それで、さっきのプリント（「ひょうたん島」）を見てください。左
　　側の下から6行目くらいのところ、ええと、高山君のところ。

金野　（読み始める）「タワシは、ぜったいつかないと思っていたけど、
　　鉄の細い糸みたいなのがついてて──」

T　そう、そこんところ。「鉄の細い糸みたいなの」って、書いてある。
　　それは、これだ。細い糸って。（スチールタワシから細い1本だけ
　　つまんで抜く）

C　ああっ、見えない。

T　これだね、細い糸って。今、1本だけつまんでいる。見えない？

C　見えた。

T　これは、髪の毛みたいに細いけれども、こうやって（磁石にくっつ
　　けてみせる）、くっつくということは、糸じゃなくて──。

C　鉄。

T　うん、鉄をうーんと細くしたもの。針金よりもっとずっと細くした
　　もの。そうすると、こんなにモシャモシャしているけれども──、
　　触ると柔らかいけれども、磁石につくっていうことは、柔らかくて
　　も鉄は鉄。粉になってても鉄。
　　だから、鉄だったらね、糸より細ーくしても、それから、粉々に粉
　　みたいにしても、どんなにしても、くっつく。（板書）

高山　先生、磁石を粉々にして、その鉄の粉と合わせたら、くっつくか
　　な？

T　ああ、磁石を粉々にできるとして、この粉と合わせたら？　ああ、
　　それは、どうだろう？　ちょっと難しい問題だから取っておいて──

　　　　―。後で習うかもしれないね。

　　　それでね、もう一つ難しい問題だ。（リベットを出してくる）これは？
　　　（C、「リベット」）これは、磁石に？

金野　くっつかないよ。

T　　くっつか（C、「ないよ」）ないね。（小さい磁石でやってみる。つ
　　　かない。）なんで、くっつかないか、分かる？

金野　鉄じゃないから。

T　　うん、鉄じゃないっていうことだね。で、これは何かっていうと、
　　　正しくいうと、アルミニウムだそうです。それで問題だ。これを、
　　　この、こっちの（強い）磁石でやったら？

C　　えっ……（迷っている）。

C　　無理？

C　　くっつかない。

T　　この強い磁石で？

C　　無理、できない。

T　　じゃあ、これよりもっと強い磁石でやったら？

C　　えっ、あるの？

C　　あるの？

T　　（大きな強力なU型磁石を出してくる）例えば、こういうやつでやっ
　　　たら？

C　　うわあっ！

C　　ええっ、わかんない。

C　　何かにくっつけてみて。

C　　イス、やってみて。

T　　よし、じゃあ、確かに強いかどうか、やってみよう。

C　　イスでやってみて、イス。

T　イスを前にやったね。じゃあ、今度は──。（教室のまん中に児童
　　用イスを2個並べる）
C　えっ、2個？
T　1個なら、これ（前に使った磁石）でも上がるから──。

　背中合わせに2個並べた児童用イスのパイプの部分に磁石をつける。
「ガチッ」と大きな音がする。

C　おおっ。

　そのまま2個とも上に持ち上げる。

C　おおーっ!!!
C　すごい！
T　それで、これだったら？
C　つかない……？
T　じゃ、訊いてみるよ。これでやったら、この強力な磁石でやれば、
　　つくと思う人？（C、いない）　じゃあ、クギみたいにはつかないけ
　　ど、少しはつくと──。
C　クギでやったら、どうなるの？
T　クギ？
C　やってみて、やってみて。

　透明な1ℓマスに小さなクギを2／3くらい入れてあるのを持ってく
る。その容器のなかに磁石を入れる。「ガシッ」という音がする。
C　おおっ。

　そのまま磁石をゆっくり上に上げる。１ℓマスの四角い形をしたまま１本残らずクギがついてくる。

C　あ——っ!!!

C　全部、くっついちゃった！

C　おお一っ。

T　それで、このクギみたいにはくっつかないけれども、2、3本は——、いや、5、6本でもくっつくかもしれない？

C　2、3本ならつくと思う。

C　つく。

C　どうかな？

T　それとも、1本も、1本もつかない？（挙手、10人くらい）じゃ、もう1回聞くよ。2、3本、4本かもしれないけどね、少しならつくんじゃないかっていう人？（10人近くいる）じゃ、何十本もつくっていう人？　いない？（子どもたち、迷っている）うん？　もう1回、ええと——。

　　ア（つく）の人？　　　（いない）

　　イ（少しなら）の人？　（半数近く）

　　ウ（つかない）の人？　（半数より少し多い）

C　早くやってみて。

T　じゃあ、（1ℓマスのリベットの中に磁石を入れる）

C　あっ、ついた！（少し動いたようだ）

　　T、磁石を容器からゆっくり上げる。1本もつかない。

C　ああ……。

T　1本もつかない……。これは、1本もつかないね。この磁石は、かなり強いんだけれど、それでも、つかない。

　だから、鉄に似てるんだけど、似てても──。（C、「つかない。」）鉄じゃなかったら、いくら強いのを使っても、つかない。鉄だったら、どんなのでもつくのにね。

T　それじゃあね、みんな、せっかく磁石を持ってるんだから、ちょっと確かめてみるか。この鉄粉を配るからね。

　このあと、各自、配られた鉄粉を磁石につけて確かめたのだが、とても面白がっている。鉄粉の粉が、吸い上げられるようにくっついたり、髪の毛のように立って磁石についたりすることが不思議そうだった。最後にノートに短い感想を書いて終わる。

（「ひょうたん島」第49号）

【第3時】磁力は、あいだに空間があってもはたらく

　「今日は、これでやろうかな。」と言って、端にクリップを結んだ50cmほどの糸を見せる。すると即座に、「分かった！」と言う子がいる。これをどうするのかを訊いてみると、机に磁石を置き、糸の端を持ってクリップで磁石を釣り上げてみせてくれた。磁石でクリップをつけた物を釣り上げる遊びがあるが、よく気がつくものだと思う。

　「ああ、なるほど。魚釣りみたいにしてね。面白いね。でも、今日はこれで……。」と言いながら、糸の端をセロテープで机に留める。そして磁石を一つ持って来て、その磁石でクリップをくっつける。そのまま上に上げると、糸がピーンと張ってくる。もっと磁石を上げると、クリップは離れて落ちてしまう。「ああ、落ちちゃったねえ」と言いながら、

　もう一度、磁石でクリップをつっくけて上げる。そして、今度は、クリップが落ちないように、少しだけクリップから磁石を離していく。磁石から離れたままクリップは浮いている。

　「えっ?」子どもの目がいっぺんに集中する。「浮いてる!」「クリップ、浮いてる!」。磁力がはたらいているのだから当然なのだが、ピンと張った糸の上にクリップが浮いているのは、私が見ていても何か不思議な感じがするのだ。子どもたちも同じなのだろう。

　磁石を強いものに換えてみると、あいだが広がってよく分かる。重力に逆らって宙に浮いているクリップを不思議そうに、面白そうに見ている。あんまり面白そうに見ているので、クリップを浮かせたまま前の方に傾けたり、横に倒したりしてみた。子どもたちもやりたくてしようがない様子だ。それで、クリップと糸を渡すと、夢中になってやり始める。いろんな浮かし方を考えたり、友だちと一緒になって始めたり、まったく飽きずにさまざまなことを試している。

　本当は、「浮いているクリップと磁石の間に下敷きを差し込んだら、どうなるだろう?」と訊く予定でいたのだが、そのタイミングを失ってしまった。

(「ひょうたん島」第 50 号)

　この教材の中心は、むしろこの後の磁極などの内容にあると思うが、私はここまでの子どもの様子がとても心に残った。子どもが磁石のはたらきに夢中になっている、驚いている様子が、印象的だった。子どもの感覚や関心に、ようやく私の計画や準備を合わせることができたということかもしれない。

3年■組　学級だより　第48号

理科です！　　　　　　　　　2月18日

　理科『じしゃく』の学習です。はじめに「じしゃくにくっつく物、くっつかない物」をやりました。たしかめてみた物は、１４こ。
　　　・くぎ　・リベット　・なべ　・タワシ　・茶わん
　　　・スプーン　・石　・チョーク　・銀紙　・あきかん
　　　・タイル　・かん電池　・１０円玉　・１００円玉
勉強が終わったあと、思ったことを書いてもらいました。（時間がなくてかけなかった人もいましたが）なかなか面白いことも書いてありました。

【気がついたこと・ふしぎなこと】

・**タワシがくっついたなんて、**
　　　　　　ビックリ！！

　でも、学校で使ったタワシはたまたまつくタワシで、じしゃくでつかないタワシもある。（　　）
・じしゃくでくっつくものは、鉄でできているクギやあきカン。それに、「これはくっつかない」と思ったタワシがくっつくなんて、ふしぎだなあ。（　　　）
・タワシは、ぜったいつかないと思っていたけど、**鉄のほそい糸みたいなのが**ついてて、くっついたからびっくりした。（　　）
・まさか、タワシがつくと思わなかった。でも、**百円玉って、鉄じゃないの？**（　　　）
・なべのタワシは、さいしょはつかないと思ったけど、くっついた。（　　）
・タワシはつっかないと思ったけど、鉄でできているとは知らなかったです。（　　）
・じしゃくにタワシがつかないと思っていたけど、ついたのでおどろきました。

138

（　　）
- タワシは、鉄が入っててくっつくのに気がついた。スプーンはスプーンでも、くっつくのと、くっつかないのが、ふしぎに思った。（　　）
- 同じものでも、くっつくのと、くっつかないのがあるところ。鉄のものがつくということ。（　　）

なんで、１０円と１００円はつかないの？
タワシはなんでつくの？（　　）

- どうして、リベットや１００円玉がじしゃくでくっつかないのかな？　**鉄じゃないものなら、何でできているのかな？**（　　）
- リベットが、じしゃくにくっつかなかったこと。１０円玉、１００円玉が鉄じゃなかったこと。（　　）
- 「お金がつくよー」と思ったけど、つかなかった。（　　）
- リベットがつくと思ったけど、つかなかった。（　　）

なんで、じしゃくは鉄にくっつくのかな、
ふしぎです。（　　）

- ぎん色のものは、**鉄**とおんなじ色だから、ぜんぶくっつくと思ったけど、銀でもつかないものがあった。（　　）
- カンには、スチールかんとアルミかんがある。（　　）
- なんで、**鉄じゃないとくっつかない**のかな？（　　）
- じしゃくにつくものに、くべつがついている（※決まっている）のが、ふしぎ。（　　）
- 鉄でできているのだけが、くっつく。（　　）
- 鉄いがいは、だいたいつかない。鉄みたいなものなのに、鉄じゃなかったものもある。**なぜ、じしゃくはくっつくのか。なぜ、鉄いがいはつかないのか。**（　　）
- じしゃくは、ものを持ち上げられるものと、持ち上げられないものがある。（　　）
- じしゃくが、キャップにくっついた。（　　）

※　とてもいいところに気がついていますね！！

2月19日(金)

『じしゃく』の学習・2

ひょうたん島

3年●組　学級だより　第49号

　　17日のスキー遠足の帰りのバスの中で、　　君がおもしろいことに気がつきました。バスのテーブルをとめるじしゃくに、「カイロ」がくっつくというのです。それで、さっそく、その使い捨てのカイロを持ってきてもらって、理科に時間にたしかめてみました。

やってみると・・・たしかに**カイロはじしゃくにくっつきました**

ふくろを開けてみると、なかは茶色い土のようなものでした。じしゃくを近づけてみると、すいつくようにじしゃくにくっつきました。

　　　　　　　　　　　　　　　みんな　「おおーっ！」

・**カイロの中は、鉄だったの？！**　カイロを切ってみると、土のようなのが出
　てきたよ！　でも、それがくっついた。これは鉄のこなだった。カイロは鉄
　であっためられているのかなあーー。（　　）
・カイロの中身は、茶色くて、なんだか土みたい。**つめたくて、鉄のにおいが**
　して、とてもくさいです。（　　）
・カイロの中みは、さいしょは土かな、**でも、くっつくから、やっぱり鉄かな？**
　と思いました。（　　）

　　そのあと、鉄のこな（鉄粉）でもたしかめましたが、こなごなにしても鉄だったらじしゃくにくっつくのです。前にやったタワシがくっついたのも、あのタワシは、糸よりももっと細くした鉄でできているから、じしゃくにくっついたのです。

・あんなに**カタかった鉄**が、こなになっても、じしゃくにつくんだなあ。
　　　　　　　　　　　　　　　　　　　　　　　　　　（　　）

・カイロの中が、てっぷん（鉄のこな）なんて、知らなかったな。**鉄**は、どん
　な形にしても、くっつくなんて、すごいな。（　　）

140

そのあと、今度は、前にやってくっつかなかったリベットを、強ーーいじしゃくでやったらどうか、やってみました。

　強ーーいじしゃくです。前のよりももっと強力な、イスを2こつり下げられるやつです。これだけ強いじしゃくなら、少しはつくだろうと思った人もたくさんいました（先生もそう思ったけど・・）。
　けれども、やってみると、

リベットは1つもつきませんでした。

みんな「アアーー・・」

・強力なじしゃくでも、リベットはつかなかった。（　　　）
・鉄はどんな形をしても、くっつくけど、つかないものは、どんな強力なじしゃくでも、1つもつかない。（　　　）
・やっぱり、どんなに力のあるじしゃくでも、鉄でないものは、くっつかない。
（　　　）

とても、うまくまとめてくれました。でも、じしゃくって、ふしぎだね。鉄じゃないと、あんなに小さくても、1つもくっつかないのだから・・・。
最後に、鉄のこなをじしゃくにつけて少し遊びました。

じゃ、さいごにみんなの感想をいくつか。
・アルミニウム（リベット）は強力なじしゃくでも、ぜんぜんつかない。てっぷんは、ふつうのじしゃくでも、いっぱいくっつく。（　　　）
・鉄のこなはカッパみたいにくっつくとは、おどろいた。どんな強力なじしゃくでも、リベットにはつかないなんて思わなかった。（　　　）
・鉄のこなにじしゃくをつけようとしたら、ザワザワくっついてきた。じしゃくに、かみの毛が生えたって感じだった。（　　　）
・鉄は鉄でも、こなごなにしたら、色がぜんぜんちがう、どうしてーー？
（　　　）
・先生がもっと強力なじしゃくを持ってきました。なんと！！！イスを2こ持ち上げるぐらいのじ力がありました　カイロの中に入っていたものは、鉄粉で、じしゃくにくっつきました。（　　　）

『じしゃく』の学習・3

この前の理科の時間に、クリップに糸をつけて、それをじしゃくで持ち上げてみました。

3年●組 学級だより

ひょうたん島　第50号

2月26日（金）

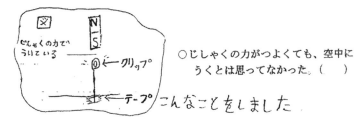

○じしゃくの力がつよくても、空中にうくとは思ってなかった。（　　）

こんなことをしました

○じしゃくの力で、
クリップが空中にういて
「わーっ！」と、
おどろいた！
（　　）

○（クリップと）はなしても、じしゃくの力ではなれないなんて、びっくりした。（　　）

じしゃくの力はとどいている？

○クリップをじしゃくからはなしても、**ちゃんとじしゃくの力はとどいているんだなあ**と思いました。（　　）

○さいしょは、どうなるか、わからなかったけど、やってみると、ういた！！きっと、じしゃくからはなれても、**引力みたいなものがクリップにとどいて、ういている**と思う。（　　）

3年理科「じしゃく」の授業

○クリップを糸にしばり、じしゃく
にクリップをつけて、だんだん上
に上げると、クリップがうきまし
た。クリップにじしゃくがつかな
くても、うくなんてふしぎだなあ
と、思いました。(Fく)

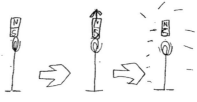

○じしゃくの力は、すごいなあーと思いました。**じしゃくは、くっつくだけじ
ゃなくて、すいつける力もある**のを知りました。（　　）

※まったく、じしゃくの力って、ふしぎだなあ・・・。
じしゃくからはなれているのに、クリップがうくなんて。

そのほか、いくつか感想を。

○どんどん上に上げると、横になっていたクリップが、だんだん上の方の先っ
ぽだけがくっついていたのが、ふしぎだった。（　　　）
○じしゃくとクリップで、クリップはあやつり人形のように動くから、おかし
いなあーー。（　 :)
○じしゃくを動かしたら、じしゃくと
クリップをつけていないのに、クリ
ップが糸の向きをかえて、同じ方向
に動いた。どうしてだろう？（　　）

やってみたこと

○じしゃくとクリップをつけて、少しういた。けど、クリップとじしゃくの間
になにがおこっているのかな？　ふしぎです。（　　）
○じしゃくとクリップがくっついて、はなすと少しういて、くりかえししても、
何回もできた。（　　）
○クリップをつけて、じしゃくでつるして、少しはなすとクリップがうく。そ
したら、クリップにつけている糸が、こまかく動いた。もう少しはなすと、
ちょっとだけ大きくゆれた。どうしてだろう？（　　）

※　いろいろ疑問を持つこと　**（「ふしぎだなあ」とか「どうしてだろう？」と
か思うこと）は、とても大切なことです。**疑問に思ったことは、なんでも
書いておくといいです。

4，授業をしながら考えたこと

　授業をしながら、考えていたことがある。それは磁石の性質とかはたらきとか、そういう磁石についての理解というより、例えば、子どもはどういうふうに認識を獲得していくのだろう、概念を新しくしていくのだろう、ということである。

　1時間目に、磁石につく物・つかない物を調べて、「磁石につくものが鉄」だと説明した。そして、「磁石を使って鉄さがし」をして「どういう物が鉄なのかが分かればよい」と思っていた。

　しかし、子どもがどんな物を鉄だと思っているのか、それまで考えたことがなかった。それでいて、鉄が磁石につくのは当たり前で、子どもたちも知っているだろうと何となく思っていた。そんなことは授業以前のことのように思っていたのだが、子どもは鉄をどんな物だと思っているのだろう？

　「どういう物が鉄なのかが分かればよい」と簡単に授業計画に書いたのだが、それは子どもにとってはそう簡単なことではないのではないか、という気がしてきた。

　使い捨てカイロが磁石についただけで、それは鉄だからだというふうになかなか考えないのかもしれない。1時間目にやったスチールタワシを子どもは本当に鉄だと思っているのだろうか？　そんなに簡単に納得してしまうのだろうか？　そんなことが気になってきたのだ。

　物事が本当に分かる、物事を本当に理解するということは、どういうことなのだろう。ある知識を教える、ある事実を教えるということなのだろうか。それで、本当に分かった、理解したと言ってよいのだろうか。また、そんなに簡単に理解させてしまってよいのだろうか。

　毎日、授業をして子どもの何を育てようとしているのか、どんな力をつけようとしているのか。ポスターを貼り替えるように、子どもの知識を新しくしていくことなのだろうか。

　もっと子どもの感覚の中を、子どもの頭の中を、吟味するように通っていかなければならないのではないか。認識するというのは、そういうことがもっともっと必要なのではないか。そんなことを思っていた。

　もう一つ、これも子どもの認識にかかわることだが——。

　Ｙさんは（この子は理解力の高い子である）、初め銀紙が磁石につくと予想していた。この子の頭のなかでは、どうも「鉄は銀色」だと考えていたようだ。それで、1時間目に「磁石につく物・つかない物」をやったときに、「同じ銀色の物でも、磁石につく物とつかない物があって、それが不思議だ」と感想に書いていた。そして2時間目の授業の後に、まだ「鉄は銀色なのに、粉々にすると（鉄粉のこと）黒くなるのが不思議だ」と書いている。「鉄＝銀色」というそれまでの概念は、磁石にくっついたくらいでは簡単に変わらないものなのではないか。だから銀色ということにこだわっているのだろう。

　これまではこういう感想を読むと、磁石の問題からは少し外れているし、磁石の学習なのにどうしてこんなに色のことを書くのだろう、と思ったはずだ。しかし、この子が鉄という物質をどう考えているのかが分かるような気がするし、きっと鉄という概念を新しくつくりなおしているのだろうという気がして、とても簡単に読み捨ててはいけないように思った。

　同じ銀色でも磁石につく物とつかない物があること、銀色の鉄が粉々になると黒い色をしていること、その粉々の鉄も磁石にくっつくということ。そういう事実を前にして、鉄＝銀色というそれまでこの子が持っていた概念が、ぐらついているのだろう。目の前の事象に、自分が今

まで思ってきたことを摺り合わせるように考えているのだろう。こんなふうに自分の思いにこだわって考えていることが、とても貴重なものに思える。何かを認識するというのは、そういうことなのだろう。こうやって自分の感覚と頭を使いながら、獲得していくものなのだろう。効率的に知識や方法を教えることとは、まったく別のことなのだ。

　「子どもを見る」とか「子どもが見える」とか、よく言われる。それは、単に子どもの言っていることが分かる、子どもが理解しているかどうかが分かるということではないのだろう。今、その子の頭のなかに、その子の内面に、どういうことが起きているのか、何故そういうことを言っているのか、今、その子が辿っているだろうその道すじ、その思考の経過が見えてくる、ということだろう。そういうところに思いを致す、ということなのだろう。

　そういうふうに子どもの思考が見えてくる時に、子どもの言っていることの意味が本当によく分かったり、その発言に感動したりするのだろう。そういう気がする。

「木版画」の取り組み

1，下絵まで

　4年生なので初めての木版画になる。題材として自分を描くことに学年で決めていた。この木版画の前に描いた『木の絵』でもそうだったのだが、この子たちはギリギリまで要求した方がよいという感じがあった。課題が多少難しくても簡単に諦めず、粘り強く取り組むことが多かった。だいたいできたら認めるというのではなく、自分でギリギリまで追求させてみたかった。そういうなかで力を出してくる、という子どもたちだった。

　まずB4の用紙を配り、肩から上を描かせてみた。「何かしている自分」がいいということを前日に話してあったが、子どもたちはまた少し考えてから描き始めた。
　各自が鏡を持って描いているのだが、顔を描くのはやはり難しい。ずいぶんスマートな鼻になったり、肩が顔より狭くなっていたり……。そして、ほとんどの子が正面から顔を描いているせいか、何かペラッとした平面に見えてしまう。顔のふくらみが感じられない。

　自分を描くのだから、中心は顔になるだろう。そこにどのくらい意識を持たせられるか。顔全体を一度に扱うのはどうも難しそうなので、鼻・口・目などがどうなっているか、部分部分に集中してよく見ることにす

る。呼吸ができる鼻、開いたり閉じたりできる目……。

　まず、いちばん描けていなかった鼻。鼻のような立体的でふくらみの
あるところは、何か手掛かりがないと描くのが難しいのだろう。それで、
鼻の穴を下の線から描いていくように話して、黒板に私が描いてみせる。
その線を横のふくらみに続けていけば、息が吸える鼻の感じが出てくる。
「ほう…」と言いながら、子どもたちも鏡を見ながら鼻だけを描き始めた。
線がどこにつながっているか、よく見るように言う。前日よりはるかに
集中して、鏡をじっと見ながら描いている。息が通るような鼻になった。
よく描けたという表情をしていた。

　同じようにして、目・口・耳を別々に描いていく。これでちょうど１
時間かかったが、最後までていねいに描いていた。

　その後、もう１時間かけて、顔の向きによって目や鼻の位置が変わる
ことを扱った。正面を向いている顔は立体感を出しにくいと思うのだが、
子どもたちには斜めに描くのは難しいという意識があるのだろう。

　大きめのボールにテープを縦に貼って、それをゆっくり回していく。
正面では直線に見えるテープが、次第に曲線に見えてくる。その曲線が
顔の中央になることを言い、それに合わせて顔の向きと鼻や目の位置関
係を説明した。

　そして、楕円を４つ印刷した紙を渡して中央に縦線と横線を入れさせ、
そこに鼻、目、口を簡単に描くことにする。縦線・横線の交差する位置
が顔の中央、鼻の位置。その下に口、上に目を描いていくと、割合に簡
単に位置がつかめる。横線を上にふくらますと上向きに見え、縦線を右
にふくらますと右向きに見えることを、黒板に描きながら説明した。

　そして、自分の用紙に右向き、左向き、上向きなど、向きを変えて描
いてみるように言う。縦線、横線のふくらみに合わせて目や鼻の位置を

変えるだけで、顔の向きが変わって見えるので面白い。これは堀江優氏
の絵を見ていて思いついたのだが、線のふくらみで顔の向きを変えるこ
の方法を、子どもたちはとても気に入ったようだ。用紙の裏にもいくつ
も描いてあった。

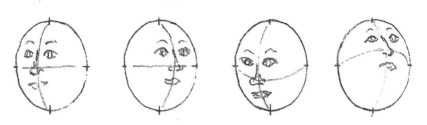

　その後、もう一度、下絵に入る。線のつながりをよく見るように話す。
大まかな顔の形に縦横の線をうすく引いて、目や鼻の位置を考えている
子が多い。向きも正面ではなく、少し斜めからという子が多くなった。
鏡をじっと見ながらなので時間がかかるが、最初のものよりずっとよく
なっている。顔にふくらみが感じられるようになり、線が生きている感
じだ。

　Ｔ君の下絵がとてもいい。算数の繰り下がりや九九に苦労して、わり
算の学習もずいぶん時間がかかった子だ。自分の目や鼻の特徴をよく捉
えていて、よく似ている。黒板にこの下絵を貼って、子どもたちによく
見るように言う。線がとてもていねいなこと、線のつながりをよく見て
描いていることを話す。この子は最後までとてもていねいにやっていた。
　Ｍさんのもよい。もともと図工が好きな子。この子も学習ではあまり
目立たないのだが、黙々と作業を続けている。そして、線のつながりが
分からなくなると訊きに来る。

〈下絵〉

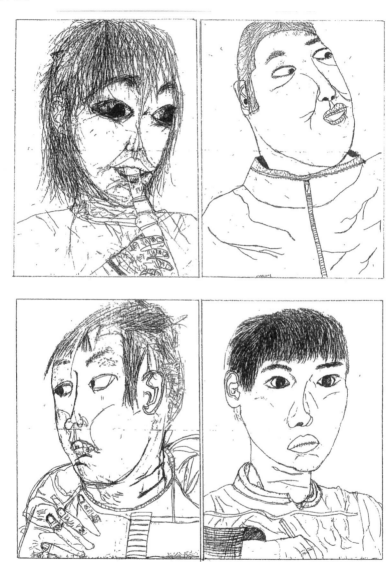

４年図工「木版画」の取り組み

〈下絵〉

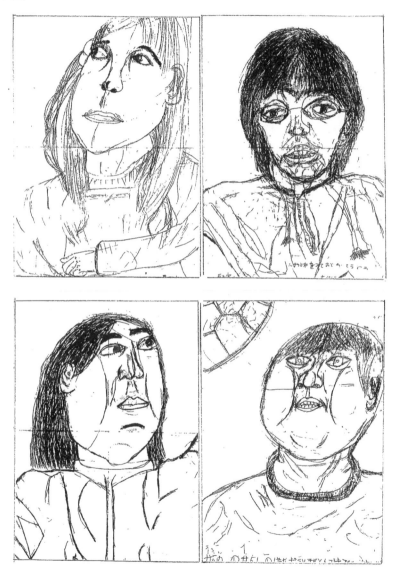

木版画なので下絵を細かいところまでていねいに描いても、実際にその通りに彫ることはできない。それでも、とにかく自分の顔を表現するように、ていねいに線を見つけて描いていった。

　授業の始めに黒板に下絵を貼っておき、子どもたちを前に集めて話をしたり、感想を聞いたりしてから作業を始めることが多かった。時間がかかったが、気持ちの入った下絵になったと思う。この下絵だけ見ていても、子どもたちの気持ちの集中が感じられるようで気持ちがいい。

2，板に写す

　下絵にカーボン紙を挟んで赤鉛筆で板に写していく。線を写していくだけなので、どうしても作業が雑になりがちになる。板に写すのだが、「なぞるのではなく、はじめの線を直しながら赤を入れる」ことを話して始める。

　初めの予定では、顔の輪郭線を入れて、そこに彫りを少し加えることで光の陰影（立体感）を出していくことを考えていた。しかし、「輪郭線を入れると稚拙になる」という話を聞き、私に迷いが出てしまった。

　輪郭線を彫らずに、光の部分を彫って面にしていくことができるのだろうか……。かなり難しい作業のように思えた。かなり迷ったが、結局、輪郭線は彫らないで進めていくことにした。

　光が当たる明るい部分を彫ることになるので、そこに赤鉛筆で彫る向きを入れていく。拡大した下絵を何枚か黒板に貼って、線の向きや流れの入れ方を説明したのだが、これがなかなか難しい。光が当たる部分といっても、昼間なので全体が明るく見えて陰影がはっきりしない。

　ここは、何か子どもたちが光と陰影のイメージができるような工夫が

必要だったと思う。また、顔の筋肉の流れに合わせて、向きがぶつから
ないようにしなければならないのだが、これも難しい。全体的に流れの
はっきりしない、横向きの線が多くなった。子どもたちも、はっきりと
分からないままに進めていたのだろう。私も自信がなく、話が曖昧にな
っていたのではないかと思う。

３，彫り

　だいぶ赤が入ったところで、やっと彫りに入ることになる。彫刻刀が
初めてなので、使い方を教え、小丸刀で小さな板に彫る練習をしてみる。
「彫る長さは短く、１㎝くらいに」、「線の流れがぶつからないように」など、
いくつか気をつけることを話して始めるが、彫りに入ると子どもたちに
一段と活気が出てくる。彫刻刀でスッ、スッと彫っていく作業は、やっ
ぱり楽しいのだろう。

　この頃、話だけ聞いていた木版画の実践記録（「事実と発見と」第
313 号・名古屋教授学研究の会）が届いた。面をどう彫るのか知りたか
ったのだが、これを読んで驚いた。「下絵を板に写すのではなくて、板
に細かい線で面を描く」ようになっていたからだ。私は、木版画の時は
下絵を描き、それを板に写し取って彫るものだと、ずっと思い込んでい
た。急いで資料を読んでいった。
　ここでは、板に直接、短い線で面を描いていくことが、大事な作業に
なっていた。墨を塗って黒くした板に、白コンテの細かい線で面をつく
っている。板の上に、新たに面をつくっていくような作業だ。写すので
はないから、これは緊張する作業だ。そして彫る段階ではもう迷うとこ
ろはない。また、次のようにも書いてあった。

「──輪郭線を描いてしまえば、安心感があり、白と黒のぬりわけの仕事に緊張感がなく、ただの作業になってしまいます。子どもたちを型に入れる仕事にしかなりません。輪郭線を描かせては意味がないんだ。」

　このＴさんの記録は、西岡陽子氏の助言を得ながら取り組んだもので、木版画に向かっていく子どもの様子がよく分かる。そして木版画の特性をよく考えている。木版画の作品１枚を作っていくのに、これだけの仕事をしていることに驚く。

　それにしても、なぜもっと早くに調べておかなかったのだろう。まったく迂闊なことだった。既に彫りに入っている子もいたので、その後をどうしたらよいか考えた。

　しかし、ここで大幅な軌道修正は無理だった。やはり、ここまでやってきたように赤鉛筆の線の続きを入れて彫ることにする。赤線を入れ少し彫っては、彫り方が足りないようなら、また線を入れて彫るという作業になった。彫っただけでは白黒のバランスがはっきりしないので、どのくらい彫ればよいのか分かりにくいのだ。それでも、子どもたちは自分で考えたり、周りの子たちの彫りを見たりしながら、なんとか作業を進めていった。

　彫りの密度や流れが大事になってくるが、感覚のいい子はうまく面の感じを出している。粗く疎らに彫っている子は、面を描くという意識が弱いのだろう。それは「板に直接、面をつくっていく」という意識が、私のなかに希薄だったからだ。

　Ｈ君はいつも一人で仕事を進めていくタイプ。前に出て来ては、参考のために黒板に貼ってあるコピーをしばらくじっと見ている。そして、「うん、うん」と頷きながら席へ戻っていく。その後は黙ってどんどん

作業を進めていく。そして、また出てきてコピーをじっと見て、席へ戻って黙って彫っている。しばらく経って「先生、できた」と言うので見てみたら、本当に光の部分をうまく彫っていた。

　最後に髪の毛を彫って終わりにする。下絵の髪の毛の線を全部彫るのではないこと、針金のような直線にならないことに気をつけて彫っていく。三角刀でなめらかな曲線にするのがなかなか難しかったようだ。

４，刷り

　ようやく刷りに入る。昨年、紙版画でやっているはずなのに、子どもたちは板にインクをのせるだけでもずいぶん慎重だ。版画紙は一人では板にのせられないので私も手伝う。そして、空気を抜いていくと、すうっとインクが浸みて版画紙に絵が浮き出てくる。バレンや手のひらでこすって版画紙をめくっていく。子どもたちは緊張しながら、この作業を進めていった。

　刷り上がった作品を見て、子どもたちは満足していた。「やっと、できた」という思いだっただろう。でき上がった作品を見ても、どれもていねいな作業になっている。子どもたちも、下絵からよく集中して取り組んでいた。描画が得意ではない子の作品も、何か「これが自分だ」という感じが出ている。むしろ、そういう子の方が自分の作品に満足しているようだ。教室の掲示板に作品を並べて貼って見ると、それぞれの顔に存在感が感じられてなかなかいい。

　ただ、刷ってみて分かったことだが、やはり少し彫り過ぎだった。彫らないと面にならないのではないかという気持ちが、どうしても彫り過

ぎにしてしまう。とくに、顔が全体に白い。陰になって黒く残る部分が
もっとあってよかった。彫った光と対照になるような黒の美しさの部分
が足りない。この白と黒のバランスは、刷る前の（彫り終わった）板を
見ただけでは私も分からなかった。

　そして、私には考えるべきことが多かった。ことに、自分の経験だけ
で安易に始めてしまったこと。もう少し事前に調べておけば、もっと木
版画の特性を活かしたものになったはずだ。輪郭線を入れずに面を作っ
ていくこと。板に写すのではなく直接、面を作っていくこと。彫った部
分の光と対照をなす黒の部分の美しさ。そういった木版画の面白さを子
どもたちが経験するには、まったく不十分になってしまった。
　必ずしも、木版画に決まった方法があるわけではないだろう。輪郭線
にしても、面の扱いにしても、子どもの状況によって、どういう方法が
適切なのかが決まってくるのだろう。ただ、この子どもたちの場合は、
もっと木版画の特性を活かした方法・手順をとるべきだった。そうすれ
ば、木版画という表現に、子どもたちがもっと充足感や達成感を得られ
たはずだ。私の準備がきちんとできていれば、この子どもたちにはその
力が十分にあったと思う。

4年図工「木版画」の取り組み

〈作品〉

〈作品〉

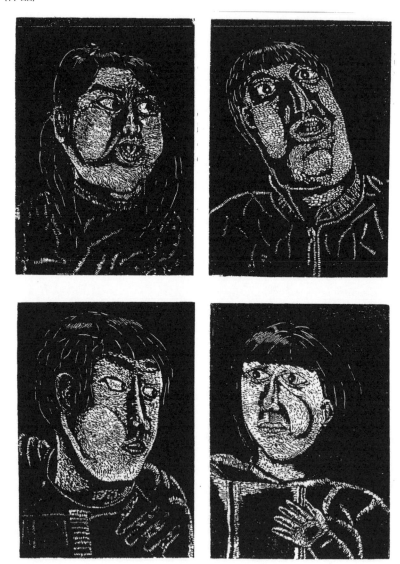

「ひらがな」の授業

　1年生の国語は「ひらがな」の学習から始まる。指導の要点や順序などは、『かな文字の教え方』（須田清著）を参考にしながら考えた。大まかな構想が決まると毎日の授業になるのだが、まず考えたことは、1年生が飽きずに学習に向かうにはどうしたらよいか、ということだった。

　ひらがなはこの時期にしか学習しないのだから、形についてもきちんと捉えて書けるようにしたい。しかし、同じような繰り返しではどうしても単調になってしまう。子どもの気持ちがひらがなに向かうように、手順を変えたり、教具を使ったりして工夫する必要があった。

　この授業はとくに何かを意図してとか、プランをよく練ってとかいうものではない。この頃、毎日やっていたひらがなの学習の一つである。カードを用意するだけで、子どもがひらがなに向かってくる。それが印象的だった。

【ひらがな「す」の授業（授業の記録）】

T　はい、今日の字は何でしょう？

　そう言いながら、いつも使っている "?" のカードを黒板に貼った。最初に、その日に学習する字を当てるゲームのようなことから、授業を始めるようにしていた。単純なことだが、子どもがそれを喜ぶのだ。

C 「ま」。(前の時間に、初めて結ぶ字（「は」）をやっている。)

T 「ま」、う～ん、違います。

C 「ふ」。

T 残念。「ふ」でもありません。「ふ」も難しいけどね。

　　はい、じゃあ──。

　これも、いつも使っている紙のケース（マジシャンが使うような派手
な自作のもの）から、カードを少しだけ出して見せる。カードには「す」
の一画目の横線だけ書いてある。ケースから少しだけ引き上げたので、
まだ横線は見えていない。

C 見えない。

T 見えない？　あら、何も見えないね。それじゃあ、はい。（もう少
　しカードを引き上げる。横線が見えてくる）

C ええっ？

T はい、これは何の字でしょう？

C ええー。

C あ、分かった、「一」だ。「一」だ。（「一」は知っているようで、た
　くさんの子が「一」と言い始めた）

T これは、「一」ではありません。

C ええーっ。

T これは、ひらがなです。はい、何という字でしょう？

C ええっ……。

C ああ、分かった。

　ここでようやく、これがひらがなの一画目だということが分かったよ

うだ。最初に「お」が出た。その後、次々と出てくる。「お」「ま」「さ」
「ち」「あ」と出てくるが、なかなか「す」が出てこない。さらに、「た」
「ほ」「え」「を」「な」「そ」と続いて、やっと「す」が出る。その後「ん」
が出て終わる。これらを順番に板書していく。「そ」や「ん」など、ぜ
んぜん形が違うのだが、ふざけて言っている様子でもない。長いまっす
ぐな線を考えたのだろう。

　「ま」「す」「お」「あ」くらいを予想していたが、こんなにたくさん出
るとは思わなかった。それでも、教室に貼ってある字（今までに学習し
た字）を見ながら、考えて言っている。たくさん出たので、このなかで
違うと思うものと、どうして違うのか、その訳を訊いていくことにした。

T　まず、「お」だけれど——。
C　「お」はさぁ、それ（横線）が、もっとこっち（左）の方にくる。
C　それに、もっと短い。だから、「お」じゃない。
T　ああ、「お」は、この横の線がもっとこっちの方に来るんだ、と。
　　それに、この線が、こう、もっと短い。だから、「お」は違うみた
　　いだ。（C、「うん。」）それじゃあ、「お」は消してもいいですか？
C　「はーい。」「いい。」

　同じようにして次の字も消えていく。
　「さ」——それ（横線）がまっすぐだけど、「さ」はずっと斜めになっ
　　てるから違う。
　「た」——もっと短い。こっち（左）の方に来るから、違う。
　「な」——「た」とおんなじ。
　「ん」——そんなの、ぜんぜん変。「ん」は、横じゃなくて、斜め。

T　はい、もう一回訊いてみるかな。じゃあ、もう一回、手を挙げてく
　　ださい。だいぶ少なくなったからね。
　　まず、最初は「ま」。「ま」だと思う人？　減っちゃったねえ、3人で
　　すか？（「3人」「4人だよ」）4人？　はい。次、「ち」だと思う人？　あ、
　　いない？　じゃ、「ち」は消してもいいですか？　いい？（C、「いい」）
　　次は、「あ」だと思う人？「あ」も、いない？　はい、じゃあ、消す
　　よ。「ほ」は？（いない）

C　だってさ、「ほ」はもっと短いし……。

C　もっと短い。

T　ああ、もっと短い？　これ、長過ぎちゃうか？　これだと、横のこ
　　れ（縦線）がはみ出てしまう？　そうだね。はい、「ほ」も消えるよ。

T　「え」は？　おっ、一人いるか？（C、「ええーっ」）いいねえ、一人
　　で手を挙げている。はい、一人。

T　次は、むずかしい方の「を」？　おっ、……7、8、9、10人ね。でも、
　　さっきよりちょっと少なくなったねえ。

T　あと2つ。「そ」は？　いない？

C　なぜかっていうとね、こうやってつながるから。

C　だって、こうなるから。

C　全部、つながってるから。

T　ああ、そうだね。ここで切れて、またこうやって書くと、なんか変
　　な「そ」だね。これは、つながっていくんだね。

T　はい、じゃあ、「す」？　あ、多いなあ、ええと……、18人？
　　それじゃあ、「ま」か「を」か……、「え」も一人いたね、だけど、
　　「え」はさ、最初、点だよね？　これだと、点がないね。（C、「ない」）
　　なんか変だね？（C、「うん」）点がないと「え」にならないね。（C、「う
　　ん」）

（「え」の子に）消していい？（「うん」）

　はい、じゃあ、残りは3つだね。

C　「ま」は違う。

T　「ま」は違う？

　じゃ、「ま」が違うと思う人、もう一回、訳を言ってください。どこが違いますか？

C　もっと短い。

C　短い。

C　そんなに、まっすぐになってない。

C　上の線、もっと上。

T　（横線が）もう少し上の方になってると思う。もっと上でないと変だ？　そして、もっと短い？　本当に「ま」は短い？

　どれ、ちょっと（教科書で）「ま」を見てください。長さはどうですか？

C　短い。短い。

C　これじゃ、分からない。

T　分からない？　よし、それじゃあ、証拠を出そう。みんなはそこで見ていて下さい。残ってるのは、「ま」「を」「す」だね。ええと……（ま、を、す、のカードを持ってくる）、これだな、はい、比べてください。

　黒板に横線だけのカードを貼る。その横に――、

　「ま」を貼る。（C、「「ま」じゃない」「「ま」は違う」）

　「を」を貼る。（C、「これか？」「「を」じゃない」）

　「す」を貼る。（C、「それ、それ」）

T　はい、これは「ま」でしょうか？　「を」でしょうか？　「す」でしょ

うか？

「ま」？　（いない）

「を」？　（いない）

「す」？　（「はーい。」）

ああ、賛成の人がたくさんだ。本当に「す」かな？（C、「だって……」）比べてみましょう。どうやったらいいかな——。

　窓際に行って、「ま」のカードの上に、横線だけのカードを重ねて日光に透かしてみる。

T　これでいいかな。見えるかな？

C　あ、ぜんぜん違う。

C　ぜんぜん違う。

C　合ってない。

C　「ま」は外れ。

T　ずれてるね。次は……（「を」のカードに重ねる）、これは合うかな？

C　合ってない。（C、「あはは」ずれが大きいので笑っている）

C　違う。

C　絶対、「す」。

T　これもちょっとずれてました。それで——、（「す」のカードに重ねながら）これは合うかな？（C、「合うよ。」）もう「す」しかないね。これが合わなかったら、困るね。（C、「おおっ」「合った」「ぴったり」）合ってるね。

　　はい、正解は——。

C　「す」。

T　「す」でした。はい、それじゃあ、「す」を書いてみましょう。まず、

164

スタートは何番の部屋ですか？

C　①（の部屋）。

T　うん、①だね。スタートは、①のこの辺だな——。よくなったら「ストップ」って、言ってね。（C、「そこら辺」「ストップ」「まだ」）もうちょっと？　いい？（C、「うん」）どうですか、だいたいいいですか？（⑦）（C、「いいよ」）

　　うん、これが１（画目）。じゃ、２（画目）のスタートは？

C　②番（の部屋）。

T　②番だね。この点々（縦補助線）の上じゃないね。点々の線より、ちょっとこっち（右側）だね。そして、しっぽが少し曲がっているね、こうかな？（⑦）

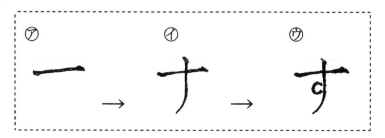

T　何かついてるね。ここにね。（⑦）

C　違う、違う。

C　ああ、それ、ダメだって。

C　だめ、だめ！

C　回る、回る。

T　こんなの、ダメ？

C　うん。

C　そんなの、ダメ！

C　回ってないもん。

T　じゃあ、指で書いてみて、どう？（子どもたち、指で書いている）うん、
　　スーッと下りてきて──、ああ、ここがまずいんだな。（書き直す）
　　ここまで来て、それから？

C　結ぶ、結ぶ。

C　結ぶの、回って。

　　子どもたち、指で一生懸命、「結ぶ」動作をしている。

T　回る？　こうかな？（C、「太すぎる」）
　　結んだけど……、違う？

C　もうちょっと細い。

C　丸すぎる。

C　太すぎる。

T　もっと細く？　じゃ、こうして、このくらいかな。（C、「で、ちょっ
　　と入る」）ちょっと入って、元の線に戻って、それから？（C、「まっ
　　すぐ」）まっすぐ？　こうかな？

C　いやあ、短かすぎ、短かすぎ。

T　短かすぎ？　もうちょっと長く？　（C、「うん」）　こうか？（C、「そ
　　う、そう」）だいたいこれでいいですか？

C　いい。

C　いいよ。

T　はい、それじゃあ、指で一緒に書いてください。
　　いくよ、さん、はい。（私は小黒板に書いていく）最初は、まっすぐ、
　　まっすぐ。結構長いね、これは──。「ま」よりも長い。はい、止めて。
　　次は、上の方から真ん中よりちょっとこっち（右）、スーッと下り
　　てきて、半分ぐらいまで下りてきて──。はい、ここから結ぶけど、

166

まあるく結んじゃいけない。長細く結んで、また元に戻って──。

最後は、しっぽがちょっと曲がる。はい、できた。

はい、それじゃ、プリントいきます。

この後、プリントで「す」の練習をする。数回書くだけなのだが、子どもたちは、とても真剣にプリントに向かっている。ちょっと線がずれたり曲がったりすると、消しゴムで消してていねいに書き直している。私が机間を回りながら、その一つひとつに赤で〇（ときには◎）をつけていくのだが、机の横に私が立つと書くのをやめて〇をつけるのをじっと見ている。〇がつくとホッと安心したり、◎をつけたりするとニコッと本当にいい顔をする。

【箱石先生のコメント】

特別なことはないって言えば、特別なことはないけれども、河野さんがこういうことをやるっていうことに、いちばん感動するね。

それはやっぱり、一年生の世界に──河野さんのインテリジェンスの世界に子どもを連れてこようっていうんじゃなくて──自分が下りて行く。そして、そのための工夫を様々にしているっていうところが、今までの授業とずいぶん違うところだね。それはとてもよくできているんじゃないかな。

とくに教具に絡めて、わざと間違えてみたり、地を出して、それで子どもたちが一生懸命「そうじゃない」とか「もっと長く」とか言っているうちに、「す」という字が子どもの頭にきちっと焼き付いていく、そういう授業になっているね。

子どもたちは夢中になって先生にいろいろ言って、「違う、違う」って、教えているつもりで、そのうちに強烈に「す」の字の印象が入っていく、

そういう「芸」の世界だね。こういう授業を河野さんがやったのは、初めてじゃない？　そういうことに感動するね。

　だから、さっきの「種」の授業は、子どもを少しインテリジェンスの世界に引き込もうとする、今までの癖が出ちゃったんだけれど（笑）――。だから、（お菓子の）「柿の種」が種だって言って、植えてみようって言っている子どもの世界が、どういう世界なのか――。そういう世界に共感して、子どもと一緒になって「よし、やってみよう」とわくわくしながらやれるようになるっていうのは、大事なことだと思うんだ。それは、子どもと一緒の世界になれる、子どもに共感できるっていうことだからね。

【教具のこと】

　私は、それまで授業の中で道具や教具を使うことはあまりなかった。道具を使って子どもの関心や興味をひくことが、なにか邪道のように感じていたからである。

　しかし、この１年生の時には教材室で必要な教具を探したり、自分で教具を作ったり、ということが多かった。どんなに授業計画を考えても、子どもたちが前を向いてくれなければどうにもならない。そういうことを身に沁みて感じることが多かった。そうしているうちに、教具一つ出すだけで、子どもたちがスッとその世界に入ってしまうことがあった。もちろん教具だけで授業ができるわけではないが、使い方によってとても有効なものになることを実感したからである。ことに算数では様々な教具を作った。子どもの反応を考えながら教具を作るのが楽しみになったほどだ。

　この授業では、学習するひらがなを自作の紙ケースから引き出して子どもたちに見せていたが、次に１年生を担任した時には、正方形の窓を

上下左右に4つに分けて開くようにした物を作った。補助線付の小黒板
と同じ形で、開くと内から文字が見えてくる仕掛けである。小窓の番号
も決め、学習する文字によって最初にどの小窓を開けるか、いろいろと
工夫ができた。子どもが喜んだし、文字の形を意識させる上でとても効
果的だった。

　低学年だから、ということもあっただろう。しかし、私はこの頃から
教具や道具に気を遣うことが多くなった。教具や道具に頼るというので
はなく、子どもが集中したり思考が促されたりするのなら、そういうも
のも効果的に使った方がよい、そう思うようになった。

3年 算数

「重さ」の授業

1，教材について

【ねらい】
○物の質量としての重さという概念を考える。
　　・重さは、形や大きさとは別の量であること。
○重さの単位やはかり方が分かる。
　　・重さの単位。グラムとキログラム。単位換算。
　　・適当なはかりを使って物の重さをはかること。

　４年理科の「てんびんと重さ調べ」の学習がなくなり、重さという概念について小学校で学習することがほとんどなくなった。この「重さ」の単元も、てんびんで重さ比べをするところから始まっているが、重さという概念そのものは簡潔な扱いになっている。算数の学習なので当然かもしれないが、物の質量としての重さという概念は子どもの認識のうえでもやはり大事な学習だろうと思う。
　そこで、身近なものを使って重さという概念を考えることを意図したものである。重さ比べから天秤、重さの単位、はかりの使い方という学習の、始めの部分の記録である。

2，授業の様子

【第1時】「重さ比べ」

　まず、5cm角くらいの木片とそれより少し大きい石を机の上に並べて置いた。そして、「これとこれ、どっちが重いと思う?」と訊いてみた。子どもたちは、「ええっ」「当たり前じゃない」というように笑いながら、手を挙げている。

T　簡単すぎた?　間違いない?

　子どもたち、「絶対!」とか「簡単!」「間違いないよ」とか言っている。

T　そうだね。見ただけで分かるね。こっち（石）が重いね。
坂下　見ただけで分かるよ。
T　そうだね、分かるね。じゃあ、今度は?

　今度は、少し小さめの木と、それよりだいぶ小さい石を机に並べて見せる。重さは同じくらいだが、木片の方が少しだけ重い。でも、きっと石が重いと答えるだろう。

C　ええーっ。

C　ちっちゃい。ちっちゃい石だ——。

C　わかった——。

T　（私が両手に持って比べるように）これと、これだよ。分かる？

C　石。

C　石の方。

T　石の方が重い？

安井　木。

T　おっ、こっち（木）の方が重い。うん。

山内　同じ。

T　ああ、同じ？　両方、同じね。（C、まだ、手が挙がっている）
　　もう、みんな出たね。こっち（石）が重いっていうのと、こっち（木）
　　が重いっていうのと、両方とも同じっていうのとね。

　　板書する。まだ「石が重い」「おんなじかな？」と言う声が続いてい
る。3通りのうちどれか、手を挙げさせてみる。木が重いという子は1人、
同じという子が数人、石の方が重いという子がほとんど。

T　ああ、そうか。石の方が重い。でも、石が重いと、どうして分かった？

C　見た目で。

T　見た目で？　でも、おんなじだって言う人もいるよ。

埜島　でもさあ、石ってさあ、小さいけど重いから……。

T　そうだね。（石は）大きさはそんなにないね。

C　でも、石は……。

C　だけど、木も……。2倍くらいある。大きいから……。

C　ええっ、重さだよ。

T　そうだね、重さだね。小さいけれども、重さはある？　じゃあ、比
　べてもらおうか、誰か？

　C、「はい、はい」と賑やかに手が挙がる。前の方でじっと見ていた
女の子に前に出てもらう。

高橋　（木と石、両手に持って何度も比べているが）ええっ？　どっち
　　　だろう？

　高橋さんがいかにも困ったように言うので、子どもたち、笑っている。
「はい、はい」とまだ手を挙げている。前の方の子に、両方を持たせて
比べさせてみる。何人かに持たせてみるが、同じくらいの重さなのでは
っきりしない。

T　はい、じゃあ、意見が変わった人もいるから、もう1回訊いてみるよ。
　同じだという人は？　5人くらいね。木の方が重いっていう人は？
　4、5人かな？　（C、「分からない。」）ああ、分からないっていう人は、
　「分からない」でいいよ。見ただけじゃ分からないっていう人はね
　——。それで、石の方が重いっていう人は？　20何人かな、22人？
　はい、今はこっち（石）が重いんじゃないかって言う人が多いけれ
　どね、これじゃあ、よく分からないね。
　それで、こういうときに、昔の人は——。見ても持っても分からな

173

い時は、昔の人はこういう物を使ったの。

（T、細い棒（8mm角・30cmほど）を１本取り出して見せる。）

C　ええっ？

T　これで、何をする？　どういうふうにするか？

　すぐに、「シーソーみたいに」という声が聞こえる。机の上で定規を使ってやっている子もいる。

T　ああ、なるほどね。そう、シーソーみたいにしてね。

　私が教室のまん中の机で、棒を使ってやってみせる。しかし、棒の幅が1cmもないので、うまく木や石が乗らない。

T　これじゃあ、だめだね。ちょっと棒が細いから、うまく乗らないね。定規のような幅の広い物なら、いいけどね。それで、乗せたとするでしょう。例えば、こっちが重い時、どうなりますか？

C　下に行く。

T　うん、下に下がるね。ガクンと。もし、こっちが重かったら、こっち側が下がる。昔の人はこうやった。だけど、シーソーよりも、もっときちんと量る方法を考えた人がいる。

　C、「分かった。」「分かった。」

長田　ひもを、いちばんはじの方に２つつけて、その木の間に何かつけて──。

T　ああ、ここ（端）にひもをつけて、ぶら下げる。

C　入れ物も——。

T　ああ、何か、入れ物があると、もっとやりやすい。両方にね。こういうふうにして、ここ（真ん中）をこう持てば、これ（シーソー）と同じ仕組みだね。それで、それはどういうのかというと——。

　作っておいた「てんびん」を取り出して見せる。先ほどと同じ細い棒の両端にたこ糸を結んである。たこ糸の先に小さなクリップをつけてある。

T　これだね。これを、こうやって（つり合わせて）だいたい同じだね。これが、こう（傾いて）なっていたら、使えないね。
　それで、これを（木と石）どうやってつければいいのかな？

C　ひもで、結べばいいしょ。

T　そうだね。何かで結べばいいか。だけど、これで（ひもの先につけてある小さなクリップ）、どうかな……、挟まるかな……。

　話しながら、石の端を小さなクリップになんとか嵌め込む。小さなクリップだがうまく挟まるような木と石を選んである。

C　おお、すごい。石をくっつけた！

T　よし。それで、これ（木）は、どうするか？

　木片はかなり大きいが、同じように端の角をクリップで挟み込む。

C　おおーっ！

T　よし。それで、これを持ち上げれば、いいんだな。

C　持ち上げたら、はずれて、落ちるかもしれないよ。

　石も木も端の方を辛うじてクリップで挟み込んでいるだけなので、いかにもすぐに外れそうに見える。

T　落ちたら、失敗だね。今はまだ（木も石も）机についているからね。
　　これを、上にあげればいいんだね。それじゃあ——。

　ゆっくりゆっくり真ん中のひもを持ち上げていく。そうすると、木の方が（大きいせいで）片側が少し浮き上がるように動いた。

C　やったー。

　まだ木も石も机から離れていないので、さらに持ち上げていく。すると、逆に石の方が完全に浮き上がる。

C　ああっ！

C　あれっ？

　そのまま持ち上げると、てんびんの棒が垂直になるほど傾く。あんまり傾くので、子どもたちが笑い出す。

C　やったー。（木が重いと言っていた子）

C　すごーい。

T　うん、これは、どっちが重いんですか？

C　木。
T　うん、これは、こっちがずうっと下がってるね。だから、木の方が
　　重い。

　子どもたち、何か、いろいろしゃべっている。木片の方が重いという
ことが意外だったらしい。

T　こっち（石）が重そうだったけどねえ、こっちの方が……。今は、
　　こういう物を使って、どっちが重いかってやってる人は、あんまり
　　いないけど、昔は、これで、こうやってたんだね。

　この後、子どもたちの消しゴムや定規などを使って、いくつか重さ比
べをする。子どもたちは楽しそうに見ていた。最後に、用意しておいた
綿を出す。

T　それじゃあ……、（綿を持って来る。かなりたくさんの量。）
C　うわあっ。
C　綿だ。

T　じゃあ、これ（綿）と……。どれがいいかな？（石をいくつか入れ
　　てある箱から、適当なものを選んでいるように）これがいいかな？
　　これにしよう。（小さい石。綿よりわずかに軽い。）これでどうかな？

C　石！（ほとんど全員）

　一人に前に出てもらって、綿と小石を両手に持って比べさせる。持ってみても綿には重さがないくらいに感じられるようで、石の方が重いと言う。まわりの子たちも、「石！」「絶対、石だよ」「綿は軽すぎるよ」とか言っている。

T　でも、（綿は）こんなに、たくさんあるよ。

　子どもたち、「だって……」とか「綿なんて……」とか、いろいろ言っている。そういう声を聞きながら、てんびんのクリップに小石と綿を挟み込む。そして、ゆっくり持ち上げていく。そうすると、石の方が上がってくる。子どもたちは、「ああーっ！」と驚いて見ている。

T　なんだか、軽そうだったけどね、これ（綿）は。

　この後、私が黒板に板書しながら、てんびんの使い方をノートにまとめることにする。

T　それで、これには、名前があるんだけれど——。
C　わからない。
C　てんびん。
T　そう、てんびんって言う。
C　てんびん？
C　てんびん座？。
T　ああ、そうだね。てんびん座っていうのは、これのことだね。この

　形から、つけたんだね。

T　（板書しながら）それで──。こう（つり合う）なったら、（C、お
　　んなじ）。それで、こうなったら、下がってる方が、こっちが重い、
　　と。こうやって重さを比べたの。

　ノートに感想を書かせて終わる。綿が石より重かったということが、
とても印象的だったようだ。綿にはほとんど重さがないくらいに感じて
いたのかもしれない。（「ポプラ」第39号、第43号）

算数
　　『重さ』の学習です

「重い」とか「軽い」とか、「○グラム」「□キロ」とか、よく使う
けれど、そもそも『重さ』って、いったい何でしょうか？　まず、
それを考えてみよう！

┌─────────────────────────┐
│　　　　どっちが　重い？　　　│
└─────────────────────────┘

はじめに、

木　　と　　石

これは、みんな「石！」

（当たり）

次に、

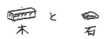
木　　と　　石

今度はちょっとむずかしい。手に
持ってくらべてみました。それで
も、同じぐらいで、わかりません。

そこで『てんびん』の登場。
　　　　　ぼうを1本見せると、すぐに「シーソーみたいにす
　　　　　る」という声がしました。そうです、なかなかいい
　　　　　カンですね。

てんびんでくらべれば、
重い方が下がるはずです。

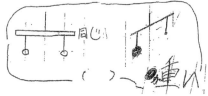

★手でくらべるのと、てんびんでくらべるのは、てんび
んではかる方がいい。（　　）

★見た目ではんだんしちゃ、だめだと思った。さいしょは、小さな
石と小さな木。じつは、小さな木の方が重かった。（　　）

てんびんで、

ワタと石の重さもくらべてみました。

石

ワタ

フワフワのワタなので、みんな
笑って見ていましたが……

ワタの方が重かった！

★ワタって、いがいと重いんだな〜と思った。（　　）

★**いろいろな物の重さを計ってみて、見た目ではわか**
らないくらいで、いがいな物が重かった。ワタと石をくらべ
てワタの方が重かったのでびっくりした。（　　）

★ワタと石でくらべる時、わたしは石の方が重いと思ったけど、計
ってみたら、ワタがすごく下の方にいっていた。**ワタはフワ**
フワしてて、軽そうだったけど、たくさんのりょうの
ワタと小さな石はやっぱりちがうのかな。（　　）

★重いと思った方がかるいし、かるいと思った方が重いかもしれな
いから、持って（はかって）みないとわからないです。（　　　）

★「わた」よりも「石」の方がぜったい重いと思っていたけど、「わ
た」もいがいと持ってみると重かった！「見た目だけじゃ、わか
んないもんだな〜っ」と思った。（　　）

「重さって、見た目じゃ、わからない！」

なるほど、その通りです。『重さ』は、長さや大きさと
ちがって見ただけではわからない。これは、とても大事
なことです。

算数
『重さ』の学習（2）

第43号
3年●組学級だより
ポプラ

　はじめに「てんびん」。前にやったことを聞いてみました。みんな、よく覚えていました。

まず、「ねんど」。
問題
　1，たてにした時と横にした時とで、重さはどうか？

　2，3つに切ったら、重さはどうなるか？

《やってみたこと》

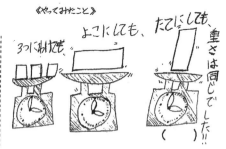

よこにしても、たてにしても、重さは同じでした!!

3つに切っても、

（　　　）

○重さを計るきかいで、紙ねんどをいろいろな形で計ったら、同じ1kgだった。（　　　）

次は、アルミホイル。
　アルミホイルを同じ大きさに切って、かた方を小さく丸めました。
　　問題
　　　広げた方と　丸めた方と　重さはどうか？

　と　●

　はじめは「同じかな」という人が多かったようです。それで、両方を、いっしょに落としてみました。丸めた方は、ストンと落ちました。
「丸めた方が、重いかな？」と
思いましたが……
　てんびんでたしかめてみる
と──

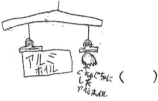

アルミホイル

ぐちゃぐちゃにしたアルミホイル

（　　　）

○アルミホイルを半分にして、かた方をまるめて、てんびんではかったら、ぼくはまるめた方が重いと思ったけど、本当はどっちも同じ。（　　）

○「同じ」と「◻が重い」と「♣が重い」がありました。何にしようか考えて、「♣」に手を上げました。自信あって手を上げたけど、「同じ」でした。**なんでまるめたのに重さがかわらないのか、ふしぎでした。**（　　）

○さいしょは丸くした方が重いかな〜と思ったけれど、同じかな〜？　何回も考えて、丸くした方が重いと思ったから、丸いやつにしたら、同じでした。でも、てんびんがぐらぐらゆれていた。（　　）

○アルミホイルを、くしゃくしゃにしてまるめたのと、ただ切ったのでは、くしゃくしゃにしてまるめた方が重いと思ってた。**でも、もとは同じ大きさのアルミホイルだったので、同じ重さだった。**（　　）

```
かたちはかわっても、ねんども
      アルミホイルも　重さは同じでした！
```

○アルミホイルを、１つはぐちゃぐちゃにして、１つはそのまんまで、**なんで、そのまんまの方はゆっくりいって、ぐちゃぐちゃにした方はすぐ落ちるんだろう？**（　　）

　　　　　※重さは同じだったのに、どうしてだろうね。
　　　　　これは、とてもむずかしいことです。中学か
　　　　　高校くらいの問題です。でも、こういうふう
　　　　　に疑問に思うのはとても大事なことです。

あとがき

　30 数年の教員生活の間には、思うようにいかないことや失敗が数多くあった。自らの非力に落胆することもしばしばだった。しかし、仕事そのものに失望したり無力に思ったりすることはなかったと思う。それは、小中学校の公開研究会で実際の子どもの姿を見、直向きに学ぶ研究会の存在を知ったからだろう。そこには心を揺さぶるような授業、輝くような子どもの世界があった。

　たまたま「教授学研究の会」という研究会を知り、そして同じ思いを持つ人たちとの「札幌教授学研究の会」という集まりがあった。「多摩第二土曜の会」「名古屋教授学研究の会」の人たちがいた。そして、いつも遠くから足を運んでくださった箱石泰和先生の指導があった。進むべき方向を見失わないというのは、どれほど有難いことだっただろう。

　ここにまとめた記録は、「札幌教授学研究の会」の会誌「河原」に載せた資料に加筆したものである。じつに小さな記録であるが、私のような人間でも希望や願いを持ちながら仕事を続けることができた証でもある。

　現在の教育・学校を巡る環境は、いま私が想像する以上の厳しさの中にあるのだろう。ただ、それでも変わらない教育という仕事、授業という営みがきっとあると思っている。

2022 年 11 月

〈著者紹介〉

河野政雄（こうの まさお）

1955 年、北海道生まれ。

1978 年より北海道深川市・札幌市の公立小学校に勤務する。

メールアドレス　masao-k@jupiter.ocn.ne.jp

子どもがいる授業

2023年 4 月10日　初版第一刷発行

著　者　河　野　政　雄

発行者　斎　藤　草　子

発行所　一　莖　書　房

〒 173-0001　東京都板橋区本町 37-1
電話 03-3962-1354
FAX 03-3962-4310

印刷・製本／日本ハイコム
ISBN978-4-87074-249-9　C3037

一莖書房の刊行書

表現活動を中心に据えた学校づくり

佐藤　毅 著

学校：この素晴らしきところ　教育：この素晴らしき営み　表現活動の教育的意義を探求してきた著者がそれを学校づくりの中心に据えて学校経営をしてきた事実の記録　第一部「学校づくりの基本となる考え」第二部「授業づくりの基本となる考え」第三部「学校と子どもの変容の証言」　　　A5版・並製　2500円＋税

授業──その可能性を求めて

伊藤義道・加藤裕子・加藤利明 著

授業記録が満載　国語「ごんぎつね」「白いぼうし」「一つの花」「クロツグミ」「下駄」算数「重さ」「二位数で割るわり算」理科「光を当ててみよう」体育「マット運動」「倒立前まわり」　　　A5版・並製　2000円＋税

子どもが動き出す授業を求めて

加藤裕子 著

授業記録が満載　算数「円と球」「かさの表し方を考えよう」「分数のたし算・ひき算」「分数のかけ算・わり算」「体積のはかり方と表し方」国語「やまなし：十二月」表現「ペルシャの市場にて」　　　A5版・並製　2000円＋税

子どもをひらく授業を求めて

加藤利明 著

授業記録が満載　国語「茂吉の短歌」「わらぐつの中の神様」理科「じしゃくでしらべよう」「物のかさと温度」「氷・水・水じょう気」「もののとけ方」「水溶液の性質」体育「倒立前まわり」学級づくり「荒れている四年生を担任して」研究会「若い教師のための実技等研究会　　　A5版・並製　2500円＋税